U0915764

中华人民共和国史小丛书

主　　编 | 朱佳木
执行主编 | 宋月红

新中国成立前后的折实储蓄

丁芮　著

北京出版集团
北京人民出版社

图书在版编目（CIP）数据

新中国成立前后的折实储蓄 / 丁芮著. — 北京：北京人民出版社，2022. 3

（中华人民共和国史小丛书）

ISBN 978-7-5300-0547-7

Ⅰ. ①新… Ⅱ. ①丁… Ⅲ. ①储蓄—银行史—中国—现代 Ⅳ. ①F832.97

中国版本图书馆CIP数据核字(2022)第038109号

中华人民共和国史小丛书

新中国成立前后的折实储蓄

XINZHONGGUO CHENGLI QIANHOU DE ZHESHI CHUXU

丁芮 著

*

北京出版集团
北京人民出版社 出版

（北京北三环中路6号）

邮政编码：100120

网 址：www.bph.com.cn

北京出版集团总发行

新华书店经销

北京建宏印刷有限公司印刷

*

880毫米×1230毫米 32开本 6.25印张 100千字

2022年3月第1版 2022年3月第1次印刷

ISBN 978-7-5300-0547-7

定价：36.00元

如有印装质量问题，由本社负责调换

质量监督电话：010-58572393

“中华人民共和国史小丛书”

编委会

编辑部

序

“中华人民共和国史小丛书”是为响应党中央关于在党员干部和广大群众特别是青年学生中加强新中国史学习、开展新中国史教育与宣传的号召，由中国社会科学院当代中国研究所和北京出版集团联合编辑出版的一套新中国史普及读物。

中华人民共和国史是指1949年中华人民共和国成立后，中国版图之内的社会与自然的历史。它上承中国近代史，是中国的现代史、当代史，或者说是中国历史的现代部分、当代部分。这一历史至今已有70年，目前仍在继续向前发展。它是中国有文字记载以来的历史中，真正由人民当家作主，且社会最稳定、民族最团结、国力最强盛、人民生活最富裕、经济和科技进步最快的时期。

早在新中国成立后不久，便有人研究和撰写新中国史，但严格意义上的新中国史编研，应当说始于中共十一届三中全会后对建国以来若干重大历史问题的总结。从那时起，党和国家陆续编辑出版了大量有关新中国史的文献书、资料书，成立了专事编研新中国史的当代中国研究所和各地编研当地当代史的机构，建立了全国性的新中国史工作者的社会团体和许多学术平台，产生了不胜枚举的新中国史学术成果，也涌现出为数众多的新中国史编研人才。所有这些，都为新中国史编研的持续开展提供了必要条件，奠定了坚实基础。

党的十八大以来，以习近平同志为核心的党中央，对新中国史的学习、研究、宣传给予了前所未有的高度重视。习近平每当讲到党史时，往往把它与新中国史并提。他强调："学习党史、国史，是坚持和发展中国特色社会主义、把党和国家各项事业继续推向前进的必修课。""要认真学习党史、国史，知史爱党，知史爱国。"

2019年3月"两会"期间，习近平在参加全国政协社会科学界与文艺界委员联席会时进一步指出，我们国家在过去70年里发生了翻天覆地的变化，希望大家深刻反映新中国70年来党和人民的奋斗实践，深刻解读新中国70年历史性变革中所蕴藏的内在逻辑，讲清楚历史性成就背后的中国特色社会主义道路、理论、制度、文化优势，更好地用中国理论解读中国实践，为党和人民继续前进提供强大精神激励。

同年7月，中共中央"不忘初心、牢记使命"主题教育领导小组又专门就认真学习党史和新中国史的工作印发通知，要求各地区、各部门、各单位把学习党史、新中国史作为主题教育的重要内容。

党中央对新中国史学习与宣传教育的高度重视，为新中国史编研的进一步开展创造了良好的社会环境，也大大提高了社会对新中国史的关注度和对新中国史书籍的需求。本丛书就是在这种大背景下策划和推出的。

本丛书以展示新中国历史发展的主题、主线、主流、本质为宗旨，以新中国的典章制度和重要事件、人物以及事业发展、社会变迁、历史成就为内容，以新中国史学科的专家、学者为依托，以中等以上文化程度的读者为对象，以学术性、准确性、通俗性相结合为原则，以记叙文为文体，每本书只记述一件事或一个人物，字数一般在10万字左右。

新中国史的内容极为丰富，应写、可写的题目非常之多，但囿于编委会能力所限，第一批书目仅列了100种，计划每年推出10—20本，在五六年内出齐。今后如有可能，我们将会继续编辑出版。

今年是中华人民共和国成立70周年，我们谨以本丛书向70周年大庆献礼，祝愿我们的伟大祖国不断繁荣昌盛，从胜利走向新的胜利！

朱佳木

2019年9月1日

目　录

前　言

解放初期，中国共产党和中国人民面临着严峻考验，许多困难亟待解决。在各种难题中，物价可以说是重要的一项，因为它直接影响着普通民众的生活，影响着各地的工商业活动。物价的影响是全面的、强烈的，因为它的动荡，极易导致社会动乱。国民党统治时期，长期的通货膨胀，物价飞涨，民众对法币（金圆券）完全失去了信心，不愿进行货币储蓄。

华北地区解放后，国家仍然处于战争环境。被战争破坏的经济尚待恢复，被战争消耗的物资尚待补充，国营经济还处在孕育阶段，国民党多年的反动统治所豢养的投机资本仍在扰乱市场，人民币币值还不稳定。春旱成灾，更加重了季节性的粮价上涨。许多新解放的地区，特别是城市均出现了不同程度的物价波动。[①]

在各个解放区，共产党政权为稳定物价、恢复国民经

① 薛暮桥：《论金银外币管理》，《人民日报》1949年5月19日，第4版。

济，在财政经济方面采取了多种措施，除恢复交通、调剂物资供求、调节货币流通、严格管理金银外币、与投机资本做斗争外，还为保护人民利益，劝导一切投机资本转向生产事业，举办了折实储蓄。[①]

折实储蓄是将货币以规定的实物数量，按存入当天的价格折价存入银行，提取时仍以支取日期的原实物量折价支付现金。这样可以使存款人不再担心物价波动造成损失。[②]

折实存款在“中国的金融经济上乃是一种意义重大的举措”。[③]但由于其存在时间较短，对其研究未受到重视。本书拟通过对新中国成立前后折实储蓄的详细梳理，分析其对确立人民币信用、稳定物价、减少游资、发展生产等方面所起的重要作用，以此来认识共产党政权如何落实政治、经济政策，从而探讨共产党新政权在经济管理方面所进行的努力，以及共产党在短时间内稳定政权的执政能力。

---

① “折实储蓄”并不是全国通用的叫法，各地叫法不同，如东北叫“分”。薛暮桥：《论金银外币管理》，《人民日报》1949年5月19日，第4版。

② 《人民币的统一和占领全国市场》，《新中国若干物价专题史料》编写组：《新中国若干物价专题史料》，湖南人民出版社1986年版，第65页。

③ 《论折实储蓄存款》，《大公报》（上海版）1949年6月15日，第2版。

一、新解放地区试办折实存贷

随着国民党政权军事上的不断溃败、经济上的不断通货膨胀，人民解放军节节胜利，1948年，革命形势迅速发展，解放区面积不断扩大。共产党新政权进入各解放区后，在军事行动结束之时，立刻就面临着严重的经济挑战。其中，物价问题与民众生活息息相关，最为民众所关切。考虑到当时物价尚未稳定，而人民储蓄必须鼓励的实际情况，中国人民银行在各解放区开始逐渐推行折实储蓄。①

国民党政权下通货膨胀严重

解放战争后期，随着国民党政权军事上的严重破产，其在财政经济上也已完全破产。1947年，国民党统治区物

① 章乃器：《由过去的“银灾”说到蒋匪帮的“恢复银本位制”》，《人民日报》1949年7月21日，第4版。

价上涨已达到十六倍半，1948年更造成了空前的纪录，物价愈涨愈快，到8月中旬就已经上涨了58倍。[①]物价上涨难以控制，法币完全破产，国民党当局被迫实行币制改革。

1948年8月19日，国民政府经行政院会议决议，由蒋介石以总统名义颁布《财政经济紧急处分令》，并公布了《金圆券发行办法》《人民所有金银外币处理办法》《中华民国人民存放国外外汇资产登记管理办法》《整理财政及加强管制经济办法》，其核心是发行金圆券、限制物价。其中，对民众生活影响最大的是发行金圆券。《金圆券发行办法》规定：自即日起，中华民国之货币以金圆为本位币，由中央银行发行金圆券，十足流通行使。金圆券由中央银行发行，额定为20亿元，金圆券每元法定含金0.22217厘，金圆券1元可兑换法币300万元或东北流通券30万元，限于1948年11月20日以前无限制兑换金圆券。兑换期间，法币和东北流通券均暂准按上列折合率流通使用。[②]

限价是此次币制改革的另一个重点。1948年8月19日发布的《整理财政及加强管制经济办法》规定："全国各地各种物品及劳务价格，应照民国三十七年八月十九日各

① 《一年来敌我地区的货币和物价》，《人民日报》1949年1月13日，第1版。

② 中国第二历史档案馆：《中华民国史档案资料汇编》第5辑·第3编·财政经济（3），江苏古籍出版社2000年版，第803—804页。

该地各种物品及劳务价格，依兑换率折合金圆出售，由当地主管官署严格监督执行。”“各种物价及劳务之价格，依前条规定折合金圆后，应严格执行取缔违犯限价议价条例，其有特殊原因者，非经营主管官署核准，不得加价。”①

南京国民政府发行金圆券不但不能兑换金银，相反，还强迫人民以其全部金银，交给国民党政权换回金圆券。同时将货币发行额从2亿金圆券（法币600万亿）提到20亿元，即比8月19日骤增9倍！国民党政府一面任由通货膨胀横行，一面下令冻结物价，不准超过8月19日的水平。此举势必造成经济发展与国民党的愿望背道而驰。金圆券发行不久，即引起了各大城市市场的空前混乱，物资黑市价格涨了5—10倍，抢购风潮接踵而起。到1948年10月底，蒋介石政府不得不承认货币改革失败，取消冻结物价命令，于是物价成了“脱缰野马”，更加疯狂上涨。

1948年11月11日，蒋介石政府又颁布了《修正金圆券发行办法》与《修正金银外币处理办法》，宣布金圆券贬值4/5，并取消发行的限额。但为欺骗人民，准许人民以新的比价，用两倍的金圆券去兑换（半存半兑）金银。过去人民被迫以1两黄金去兑换200元金圆券，或以1个银元

---

① 中国第二历史档案馆：《中华民国史档案资料汇编》第5辑·第3编·财政经济（3），第812页。

去兑换2元金圆券，现在准许以2000元金圆券去换回1两黄金，或以20元金圆券去换回1个银元。即便这样，人民还是拥挤着去兑换金银，到同年12月23日，上海各大银行门前挤了10万挤兑的人民，国民政府行政院即借口宣布，暂停存款兑现，民众受损严重。[①]

此次发行金圆券和实行限价对于抑制物价的过快上涨并未起到作用，物价反而比之前涨得更加厉害。以北平为例，至1948年10月初，已比1月前涨了1倍，[②]币制改革的结果就是“全国各地成了真空了，谁也买不到日用品”。[③]物价飞涨，[④]普通民众每日内心都对明天的物价“怀着恐惧”。[⑤]10月31日，肉已经涨到了4元1斤，[⑥]11月12日，金圆券又贬值5倍，[⑦]12月5日，面已涨到180元1袋。[⑧]到了12月21日，面已600元1袋了。[⑨]北平批发物价指数，如以1948年8月19日为100，1949年1月则达到9710。[⑩]

---

① 《一年来敌我地区的货币和物价》，《人民日报》1949年1月13日，第1版。

② 喻世长著，王金昌整理：《建国日记》，东方出版社2009年版，第167页。

③ 同上，第168页。

④ 同上，第174页。

⑤ 同上，第185页。

⑥ 同上，第187页。

⑦ 同上，第196页。

⑧ 同上，第217页。

⑨ 同上，第228页。

⑩ 《解放前夕旧中国的物价状态》，《新中国若干物价专题史料》编写组：《新中国若干物价专题史料》，第13页。

不管国民政府如何进行币制改革，金圆券和法币一样，迅速贬值，形同废纸，直接的后果就是物价飞涨，普通民众对国民政府发行的任何货币都失去了信任。法币没落前夕，银元重回民众日常生活，成为全国性的普遍现象。高度通货膨胀，民众及公务员均以银元作为储蓄生息的对象。因黄金成色、重量不易辨别，价额过大，以及工商业凋敝，日用必需品囤积不便，银元交易因而更加普遍。[①]为了防法币贬值，[②]“银元乃成为一般小有购买力者储存对象”[③]。上述种种情况，成为共产党新政权在各地新解放区面临的重大问题。

“饻”[④]与华北等解放区的折实贷款

1. 饻

抗日战争时期，根据地经济遭受极大损失。加上连年的各种灾害，农业歉收，粮价迅速上升。1943年后，物价

① 《中共北平市委研究室关于北平银元买卖概述（1949年2月15日）》，北京市档案馆：《北平和平解放前后》，北京出版社1988年版，第343页。

② 喻世长著，王金昌整理：《建国日记》，第15页。

③ 《中共北平市委研究室关于北平银元买卖概述（1949年2月15日）》，北京市档案馆：《北平和平解放前后》，第342页。

④ 音xī（西），是时任八路军前方总后勤部部长杨立三同志创造的一个字。饻是由“食”和“衣”两字组成的，其用意是有饭吃、有衣穿。它是一种计算工资的单位。戎子和：《晋冀鲁豫边区财政简史》，中国财政经济出版社1987年版，第35页。

上涨了3倍多。为稳定军事供应，军费改按菜金和公杂费所需几种主要实物折合一种“实物分”，也叫“饻”，按月领发军费，按当月“实物分”中所包含的几种实物市价加起来综合计算。[①]当时，一个“饻”所含的实物包括中等小米2斤、中等小麦1斤、油盐各5钱、中等白土布1方尺（土布面宽一般为1尺）、中等家用煤1.5斤。以饻为单位计算工资，避免了物价波动的影响，很受工人欢迎。这种以饻为单位计算工资的做法，后来也用来计算军费。[②]

在华北解放区，工资以“饻”实物计发，能保证民众的实际购买力，颇受欢迎。“饻的计算法，在城市未解放前，是切合实际的办法。”[③]以几种必需品实物为工资计算基础的方式，除了华北解放区的“饻”外，东北解放区采用了“分”。[④]东北的“分”与华北的“饻”不同，但是都有粮、布、油、盐、煤。[⑤]

因战争关系，物价不稳，货币购买力下跌。在华北解

① 戎子和：《晋冀鲁豫边区财政简史》，第35页。

② 李琴：《饻字的故事》，《瞭望新闻周刊》1999年第31期。

③ 朱启明：《工作讨论：对工资单位的管见》，《人民日报》1949年5月25日，第2版。

④ 《中国第六届全国劳动大会有关工资问题的决议（节录）194808》，中国社会科学院，中央档案馆：《中华人民共和国经济档案资料选编·1949—1952·劳动工资和职工福利卷》，中国社会科学出版社1994年版，第462页。

⑤ 《李立三：在全国工资准备会议上的报告19500831》，中国社会科学院，中央档案馆：《中华人民共和国经济档案资料选编·1949—1952·劳动工资和职工福利卷》，第555页。

放区，仍然执行着国民党政权期间国家银行规定的限制性利息标准，严重影响了私人借贷关系的开展，造成农村金融停滞，城市投机增加，银行存放款等基本业务难以开展，影响共产党政权对市场的控制力。为改变这种情势，1948年7月，共产党华北银行对利息政策进行了调整，并开展了以“馀”为计算单位的实物保本储蓄。[①]储户将存入银行的货币折成“馀”，提取时按照当时“馀”的牌价提取货币，物价上涨，“馀”的单位牌价随之上升，出现的差价由国家补贴。

新中国成立初期，工资计算单位全国不统一，山西采用了“馀”，东北延续了“分”，山东也是折实工资“分”，北京市是小米“斤”，天津有小米、玉米面，上海、南京、西安、重庆、桂林、武汉等地均采用“折实单位”、“储蓄单位”或“工薪单位”，每单位所含实物种类和数量各地各不相同，形成多种多样大小不一的单位。[②]

---

① 《华北银行令关于利息政策的决定19480728》，中国社会科学院，中央档案馆：《中华人民共和国经济档案资料选编·1949—1952·金融卷》，中国物资出版社1996年版，第215—216页。

② 《工资条例说明书（初稿）第一章：目前全国工资情况19500812》，中国社会科学院，中央档案馆：《中华人民共和国经济档案资料选编·1949—1952·劳动工资和职工福利卷》，第472页。

2. 折实贷款

1948年，在已经解放的地区，由于实行减租减息、土地改革，高利贷剥削基本被消灭，一般群众的借贷关系陷于停顿状态。银行的生产贷款数额虽每年都有增加，但由于战时物价不稳，货币贬值，物价愈涨，贷款的实际作用愈低。在此情况下，片面地实行以货币计算低利贷款政策，一方面生产贷款的实际力量逐年减少，另一方面也限制了金融活动的发展。为刺激与鼓励社会信用活动，大量组织游资，以及发挥资金效能，减少资金浪费，而且使资本经常保持实际效用，银行提出实行实物贷款的办法。[①]1948年之前，解放区发放贷款，都带着严重的"恩赐赈济观点"，对贷款用于扶植生产的认识是模糊的。造成的后果是，银行贷款资金年年亏损，贷款不能发挥其应有作用，又难保证群众买到一定的生产资料，或常因一起下手争购，影响了物价稳定。要使贷款真正做到公私两利，既能保持国家资本不受损失，又能达到长期扶植群众发展生产的目的，1948年5、6月冀中解放区开始举办贷实折实。[②]

---

① 张智勇：《关于实物贷款中几个问题的研究》，《人民日报》1948年12月16日，第2版。

② 董志明：《冀中农贷经验证明　贷实折实公私两利》，《人民日报》1948年9月9日，第1版。

这种实物贷款有几种方式：（1）直接发放生产资料。根据群众经营的生产类别，折成实物归还，而一般的不是贷什么还什么，如可以贷水车还粮食，贷纺车还棉花或布。这样做的好处，既能保证贷款真正用于生产，防止贷非所用，同时也便利群众直接取得生产资料，减少购运困难和劳民浪费，且群众生产利润更有保证。（2）贷粮还粮。这种贷粮一般不是群众生产所直接必需的，而是当货币来用的。也就是说，不管贷户经营何种生产，都是贷给粮食，到期仍归还粮食，这样做的好处是：银行经营能掌握着粮食，便于保本。但对群众很不方便，群众贷到粮后，仍需拿到市场出售，再换成生产所必需的实物，就银行来讲，也有许多不方便的地方，如粮食的保管、调运等等。（3）贷款还款。通过贷货币计算，即贷货币折成实物，还时仍按实物折成货币归还，这比贷粮还粮方便。其困难是：群众贷到款后，或银行收回款后，如不能及时变成实物，物价上涨，就要吃亏，甚至影响银行保本。这3种方式各有好处，但也各有困难和缺点，各地视具体情况，在群众需要和银行保本的原则下，灵活运用。[①]

在开始进行实物贷款时，由于群众不习惯，银行宣传解释不到位，具体做法不够完善，致使部分群众对贷实折

① 张智勇：《关于实物贷款中几个问题的研究》，《人民日报》1948年12月16日，第2版。

实存在一些顾虑。民众比较普遍的顾虑是，怕贷实执行后，物价上涨吃亏。针对民众的顾虑，解放区政府和银行首先耐心宣传解释，使群众真正了解实物贷款精神。如高阳北看苇村工作人员向群众解释说："过去借别人一斗粮食难道不还人家一斗吗？现在来说，如物价涨上去，不折实公家保不住本，就没有力量长期扶植大家生产，所以折实计算两不吃亏。"其次，帮助群众订生产计划，给群众计算生产利润。说明实物贷款只要用到生产上，物价再涨也不会赔钱。至于群众怕到期银行一起收贷款，还不起的这一顾虑，也提出可整借零还，或分期归还。[①]

解放区在推行实物借贷中，对群众最为关心的问题进行了考虑，如由银行（或政府经手）和合作社直接贷给群众的生产资料，折实的价格要公平合理，不要脱离市价，应一般稍低于市价，适合当地群众的要求；实物存贷折款，必须经常了解物价，否则会有人吃亏，有时有人投机，有时贷不出；贷款折实，必须是群众常用的，价格正常的东西，种类不宜过多，在农村主要是小米、麦子、棉花。折实种类一方面要照顾到群众的方便，另一方面还要照顾到银行能否保本，既不应不管贷户经营何种生产，只规定一种实物折算，也不能群众要折啥就折啥，盲目满足

① 张智勇：《关于实物贷款中几个问题的研究》，《人民日报》1948年12月16日，第2版。

群众要求。[①]

为了测验实物贷款的成效，解放区选取村庄进行典型试验。如武安县的贷实工作，经过赵庄、什里店、石洞3个村的典型试验后，体验到贷实物（或贷款折实物）扶助群众生产，的确是广大劳动群众的要求，也能使贷款确实起到扶助生产的作用。[②]冀中解放区在1948年5、6月试行贷实折实中，不少群众都认识到贷实折实是公私两利的，折实后物价涨落都无影响。深泽县群众反映："这个办法好，庄稼人就是地里出粮食的一着，不那么着（指贷实折实），秋后粮一抽价，可受不了。"宁晋县南马庄贷水车的民众说："这时粮食这样贵，如不折成粮食，秋后粮价落了，说还不起就还不起，现在折起粮食来，咱们就不怕了。"[③]边区银行冀中九分区支行自1948年5月区党委号召贷款折实后，至6月底，据4个县统计，已折实9亿余元，折粮299909斤。[④]综合各地试办实物贷款的经验

① 孙世禄：《结合收种发展贷实　武安群众都觉得很活便》，《人民日报》1948年10月26日，第1版；张智勇：《关于实物贷款中几个问题的研究》，《人民日报》1948年12月16日，第2版。

② 孙世禄：《结合收种发展贷实　武安群众都觉得很活便》，《人民日报》1948年10月26日，第1版。

③ 董志明：《冀中农贷经验证明　贷实折实公私两利》，《人民日报》1948年9月9日，第1版。

④ 张智勇：《发展水利扶植农副业　冀中九分区银行农贷有成绩》，《人民日报》1948年7月28日，第1版；《关于实物贷款中几个问题的研究》，《人民日报》1948年12月16日，第2版。

证明，绝大部分农民群众认识到，贷实折实后，“物价涨落公私两不吃亏”[①]。可以说，经过宣传动员和典型试验后，“贷款折实是多数群众拥护的，认为是‘两不吃亏’”，[②]“由银行和合作社贷实物或贷款折实物的办法是完全成功了”[③]。

折实贷款经过试验获得成功后，华北银行太行分行1948年9月召开各专区办事处经理扩大会议，讨论制订冬季工作计划，明确提出，冬季生产贷款全部改为借物贷实，贷实还实，或贷款折实。[④]1948年年底，为帮助农民解决生产资料的困难，推动1949年的大生产运动，各解放区包括东北、华东等解放区都大力开展折实贷款。[⑤]华北银行冀中区各分行、支行及各县生产推进社，在1948年9月贷出大批麦种、肥料、农具，扶助农民播种小麦。这次秋贷纠正了过去某些地区曾因业务方针不明确所产生的恩赐、救济和单纯看成分等错误观点。除短期的零星借贷可

---

① 张智勇：《关于实物贷款中几个问题的研究》，《人民日报》1948年12月16日，第2版。

② 《华北人民政府发布指示 做好冬季贷款工作》，《人民日报》1948年10月20日，第1版。

③ 孙世禄：《结合收种发展贷实 武安群众都觉得很活便》，《人民日报》1948年10月26日，第1版。

④ 《华北银行太行分行 订出冬季工作计划》，《人民日报》1948年11月21日，第1版。

⑤ 《推动明年的大生产运动 各地加强农贷工作》，《人民日报》1948年11月19日，第2版。

给现款外，其余一律折实贷给。东北、华东等解放区也大力开展折实贷款。[①]

为恢复与发展农村生产，保证1949年农业生产计划的实现，华北人民政府于1949年2月9日发布的1949年农业贷款计划进一步指出：凡贷出之款全部实行折实，但折实的标准，应根据贷款者经营的性质，折不同的实物。一般说，贷给群众的款，以折米、棉、油类等几种主要农产品为准；贷给专业组织者，除水利推进社折铁（连介铁）外，其余国营农场、林牧局、开渠、农药等皆折米。[②]

新解放区试办折实储蓄

以“饻”为单位的实物保本储蓄以及折实贷款在各老解放区的推行，为新解放区推行折实储蓄提供了经验。1949年，中国人民银行首先在石家庄、天津、阳泉、北平（北京）、邯郸、长治等6个新解放的城市试办折实储蓄。[③]

---

① 《推动明年的大生产运动　各地加强农贷工作》，《人民日报》1948年11月19日，第2版。

② 《华北政府为保证农业生产计划实现　发布今年农贷计划　贷款总额为五亿六千四百万元　各区应根据指示办法研究执行》，《人民日报》1949年2月19日，第2版。

③ 中国人民银行总行私人业务管理局：《新中国的人民储蓄》，财政经济出版社1955年版，第22页。

1. 石家庄初试实物保本储蓄

华北地区的形势从1948年下半年开始发生极大变化，国民党的据点被肃清，交通逐渐恢复，人为封锁消除，全区的中心任务从战争转入生产。中国人民银行在此期间先后采取停止放款、举办实物保本存款等措施以紧缩通货，积极配合稳定物价，支持平津前线。①作为全国解放最早的较大城市之一，石家庄在1949年2月，为“提倡节约储蓄，帮助职工及各界人士建立家务，发展生产，繁荣国民经济”，开始办理储蓄存款，分实物保本及货币计算两种。实物保本，本息按实物折饫（一个饫即2斤小米、1斤小麦、一斤半煤、1方尺土布、5钱油、5钱盐等物资的价格总和）计算。②

实物保本先后以两种不同的方法试办：实物保本存款及实物保本储蓄存款。两种方法都是以饫③为计算单位，存款时将款折饫，取款时将饫折款。依照石家庄市贸易公司所定价格，每5天按各种物资平均价格更换一次价。第1种存款对象限于国营企业、机关生产、干部、职工及学生

① 《人民银行华北区分行经理会议决定 扶植内地生产鼓励出口交流城乡物资恢复工业 加强管理金融市场反对投机》，《人民日报》1949年7月22日，第1版。

② 《石市瑞华银行办理储蓄存款》，《人民日报》1949年2月5日，第2版。

③ 石家庄最初举办折实储蓄时，根据报纸上的具体内容分析，报纸上报道的“饫”，有时也称作“厘”。

等。存款者必须带有机关、工厂、学校的介绍信。私营工厂工人存款必须有市总工会的介绍信。存1个月者保本无息，2个月到1年，存款在新币100万元以下者，利息由3厘到9厘。100万元以上者，利息由3厘5到1分。逾期不提存者，即转入活期存款。如存款期满，物价下落，不能取回原存货币数量时，可按原存数付给。第2种存款对象为一般市民，分整存整取、存本付息、零存整付、整存零付4种。整存整取起码存3个月，利息由3厘到7厘5。其余3种存期起码6个月，利息由3厘到6厘。①

实物保本存款办法是根据当时战争环境物价上涨的情形制定的，使存户不致受物价影响；如存款期内物价一直下落，甚至到期按计算得不到原存货数目时，该行仍按原金照付，利息也同样按原定利率以货币计算。②实物保本存款是一项崭新的银行业务，是国家银行在物价不稳定时吸收存款的有效方法。对存款者来说，有钱不受物价影响；在银行方面，可以大量吸收游资，稳定市场，并把这些零散收进的款子，有计划地投向生产，发展国营经济。所以，实物保本存款最初实行的基本精神就是公私两利。③

① 辛茹：《石市实物保本储蓄存款中的几个问题》，《人民日报》1949年5月9日，第2版。

② 《石市瑞华银行办理储蓄存款》，《人民日报》1949年2月5日，第2版。

③ 辛茹：《石市实物保本储蓄存款中的几个问题》，《人民日报》1949年5月9日，第2版。

人民银行石家庄分行试办实物保本存款，到1949年3月底止，总额达2.4亿余元人民币，其中公营企业、机关生产占2.2亿余元，职工、干部、学生2000多万元，一般市民存款较少。以3月份计，实物保本存款约占全部存款的1/6。因实物保本存款是一项新的业务，在石家庄试办2个月时，发现了一些问题：（1）试办时期，恰逢紧缩信用，这部分存款多未适当运用，致使许多干部思想搞不通，认为这是赔本业务。（2）实物保本存款若以公营企业及机关生产为主要对象，那应该只限于公积金、公益金之类的款。（3）对干部、职工、学生存款比一般市民优待，存款时要带有介绍信，限制了一般市民的存款，而且也使干部职工感到麻烦。（4）每逢市场波动，5天计算一次价，存取款之间发生很大差别。（5）该行储蓄部不断有到期存款不来提的，其中一种是外埠存款，一种是存户疏忽或不知道存款规章。①

2. 天津、阳泉、北平（北京）等地试办折实储蓄

平津解放后，共产党政权随即开展对城市的接管工作，在短期内肃清了南京政府的金圆券；基本上扫除了银元市场，建立了一元化的人民币市场；接收南京政府的国

① 辛茹：《石市实物保本储蓄存款中的几个问题》，《人民日报》1949年5月9日，第2版。

家银行、局、库，建立了新的金融体系。同时，举办折实储蓄，吸收零散资金，帮助稳定薪资阶层的实际收入，以及举办定货、折实、贷实等放款，解决公私营厂商生产困难等，建立新的金融秩序和市场。①

天津解放后，中国人民银行天津分行“为提倡节约，奖励人民、团体、机关，积累家务”，从1949年3月1日起举办实物折实储蓄存款。该储蓄存款以“标准实物单位”计算，1个标准实物单位包括通粉1斤、玉米面1斤、二厂五福布1尺，共3种定量的物价，其价格以《天津日报》公布的批发物价为准，存取款项，均按前5日平均物价计算。天津折实储蓄存款种类共分4种：

整存整取：（1）此项存款存入时须预先约定期限，将款存交银行，由银行发给存单为凭，到期本利一并提取，其存入数以5个标准实物单位起码。（2）期限分为1年、半年、3个月3种。（3）利率规定3个月月息3厘、半年月息5厘、1年月息8厘。（4）此项存款未到期前不得提取，如有特殊原因提前支取者，本金以原存货币计算，其利息按当地人民银行活期存款。（5）此项存款过期不提取，亦未声明转期者，提取时仍以原到期日折实计算，过

① 《人民银行华北区分行经理会议决定　扶植内地生产鼓励出口　交流城乡物资恢复工业　加强管理金融市场反对投机》，《人民日报》1949年7月22日，第1版。

期不再计息。

存本付息：（1）此项存款，其存款以20个标准实物单位起码，预先约定期限，一次存入，由银行发给存折为凭，每月支取存息，不支息者，其利息过期，不再复息。（2）期限分为半年、1年两种。（3）利率规定半年月息3厘、1年月息6厘。（4）此项存款提前支取与过期提取处理办法按整存整取第4、第5两种办法处理。

零存整取：（1）此项存款，系零星存入一次提取的定期储蓄存款，期限分为半年、1年两种。其存交期次，分为每半个月1次、每1个月1次、每2个月1次、每3个月1次4种，由存户自择。（2）每次存入以1个标准单位起码，多者不限。（3）利率规定半年月息3厘、1年月息6厘。（4）此项存款，如中途停存，则仍应到期支取，利息照算。如须提前支取者，按整存整取第4条办法处理。如间断续存在5日以内者，仍按原办法处理，其超过5日者，则视为间断1个月，间断2个月以上者，其利率半年减为2厘4，一年者减为5厘。

整存零付：（1）此项存款，由存户将本金一次存入，由银行发给存折，以后凭折分取本金，期满结息，存额以24个标准实物单位起码，多者不限。（2）期限分为半年、1年两种，支取期分为1个月1次、2个月1次、3个月1次3种，由存户自择，一经确定，不得变更，到期不提取者，过期日期不再计息。（3）利率规定同于零存整取半年及1年之规定。（4）此项存款，未到期前，不得取清，不得取满，如须中途取清者，按整存整取第4条办法处理。

存户如将单折遗失，可向人民银行天津分行声明挂失，于声明半月后，觅取保证，或由机关证明，至该行补换新据；存额过大时，须在当地报纸上登载遗失声明，如在挂失前为人冒领者，由存户负责。各项存款存户，均须预留印鉴，支取时，开具取款条凭，以凭验付，如不愿留印鉴者，发生纠葛等情况时，由存户自理。①

“标准实物单位”利息以实物计算，存款或取款按当日折实牌价折付现款。取款时，如因物价下落，折合现款不敷原存货币本金时，银行仍可照付其原存货币本金，照常起息。天津分行兴办的折实储蓄存款得到各工厂、学校、团体及一般市民的赞扬，存款单位及金额逐日增加。3月1日至5日共有6544个单位存款538891.73元，7日至12日增加为37261个单位存款3169074.8元。②

人民银行天津分行储蓄部举办折实储蓄存款后，存款单位及金额逐日增加。天津市寿丰面粉公司职工代表将该

① 《人民银行天津分行公布折实存款暂行章程　存户日渐增多，最多户头达二万五千个单位》，《经济导报周刊》1949年第116期，第18页。

② 《人民银行天津分行举办实物折现存款　存入金额逐日激增》，《人民日报》1949年3月18日，第2版。

行储蓄章程加以翻印，分发粘贴，向职工宣传储蓄的好处及储存办法。税务局职员看见报上储蓄部的广告后，即将该月所发小米卖出一部分，存入零存整取项下4个单位，期限半年。庆生面粉厂工人40余人，特派人交涉，把每日所发玉米面售一部分，存入该部。北洋大学的教授亦于3月7日储蓄了20余个单位。为保障教职员工的购买力，新学中学还召集会议，商讨集体备存办法。①

中国人民银行北平分行储蓄部“筹备就绪”②，于1949年4月1日也开办了以“提倡节约，奖励社会各界人士、机关、团体、企业储蓄”为宗旨的折实储蓄。③北平的“标准实物单位”包括“万寿山通粉1市斤、玉米面1市斤、二厂五福布1市尺”共3种定量的物价；其价格以《人民日报》公布的批发物价为准；一日数价者，平均计算；实物牌号如有变更消失或不足以作为普遍性的标准，北平分行可重新选定其他品质相近的牌号代替并予公告，但在变更前已存入者不再重新折算，存取款项均按前5日之平均物价计算。④

折实储蓄的“标准实物单位”总价根据前5天《人民

① 《天津人民银行存款金额大增》，《大公报》（香港版）1949年3月23日，第2版。

② 《人民银行储蓄部今日开业》，《人民日报》1949年4月1日，第2版。

③ 《中国人民银行北平分行储蓄部　储蓄存款暂行章程》，《人民日报》1949年3月28日，第4版。

④ 同上。

日报》按日公布的这3种实物市场批发价格的总和平均计算。这样算出来3种物品总价，每天挂牌公布就是折实储蓄单位牌价。折实储蓄存款的存付都是以实物单位作为计算的基础，而单位的牌价则是随着实物价格的升降而随时变化。储户存款时把要存的货币折成实物单位存入，到期支付时又按当时牌价折成货币付出。所以即使物价上涨，储户的存款依然可以做到实物保本，不致受物价波动的影响。①储蓄的利息，亦按实物单位折合计算。如期限1年月息8厘，以实物计算：存面粉百袋，1年约得利息9袋。②

与天津一样，北平的折实储蓄种类也分整存整付、存本付息、零存整付、整存零付4种，但在具体种类名称上稍有不同，如北平有一种折实储蓄叫“零存整付”，而天津叫“零存整取”；在储存种类的规定上，也改进了一些具体规定，如整存整付第4项提前支取规定，原则上未到期前不得提取，如有婚丧疾病等情况经银行认可的特殊原因、取得凭证提前支取者，填具“提前支取申请书”，经核准后按下列规定付给：（1）所存不满3个月者，按原存货币付给，不计利息，如物价下落，仍按折实无利付给。（2）存满3个月以上者，折实付给，利息减为1厘5。

---

① 《有关折实储蓄问题　北平人民银行储蓄部答读者》，《人民日报》1949年9月5日，第4版。

② 《人民银行储蓄部今日开业》，《人民日报》1949年4月1日，第2版。

（3）定期1年，存满6个月以上提前支取者，本息均折实付给，利率按月息3厘计；存满9个月以上者，利率按月息5厘计。过期提取：此项存款，过期不来提取亦未声明转期，10日以内提取时，本息仍以原到期日牌价折算，超过日期，不予计息；过期10日以上仍不提取时，本息转入活存，按该行活存计息。存户如愿转期续存者，应于到期前通知银行以凭办理，过期以后申请转期，按当日牌价折算起息，如以函件申请时，以银行收到函件之日为准。

存本付息如提前支取除了按照整存整付第4项所列情形办理外，对于已支的利息的扣回，规定了具体办法，如下：（1）其存入不满3个月者，本金按原存货币付给，利息按原支货币扣回，如物价下落，本金仍折实付给，已支利息亦折实扣回。（2）存满3个月以上者，本金折实退给，已支利息折实计算于扣除整存整付第4项规定应得之利息后，其余扣回。

零存整付对于中途停存、提前支取规定了执行细则，如下：此项存款中途停存，则仍应到期支取利息，半年者减为2厘4，1年者减为5厘；如到期迟交者，5日以内按原定存交日牌价计算，迟交逾5日以上者，则视为间断一次，补交时物价上涨，即按补交当日牌价折算，物价下落，则仍按原定存交日牌价折算，其间断应存交次数1/3

以上者，其利率半年者减为2厘7，1年者减为5厘4。

天津折实储蓄规定，整存零付未到期前，不得取清，不得取满，如须中途取清者，按整存整取第4条办法处理。北平的折实储蓄对此做了调整，规定此项存款，可以提前支取，如须提前支取，按整存整付第4项办法处理：（1）存入不满3个月者，未取部分，按原存货币付给，如物价下落，折实付给，不计利息。（2）存入满3个月以上者，其未取部分折实付给，利息以1厘2计；存满6个月以上者，利息以2厘7计；存满9个月以上者，利息以4厘5计。

折实储蓄开户和挂失的规定也有所不同，北平要求先由存户填具“折实储蓄存款开户申请书”，择定存款种类，书明户名、职业、住址等项，如须凭签章支取者，并须预留印鉴，以凭验付。挂失时，只要银行认为必要，不管数额大小，均须在当地报纸上登载遗失声明，至少2天。①

北平折实储蓄开办后受到市民的关注，有市民给《人民日报》写信表示：“此种储蓄在资本主义国家，在封建社会，都是难以找见的。折实储蓄不但能促进节约，减少浪费，且可使存户避免物价波动及其他意外事件的影响。

---

① 《中国人民银行北平分行储蓄部　储蓄存款暂行章程》，《人民日报》1949年3月28日，第4版。

此种储蓄对公教人员、自由职业者、劳动者、技术人员最为合适。”[①]其他地区银行，如中国人民银行冀东分行自1949年4月28日起举办折实储蓄，折实计算以“标准实物单位”为准，一个“标准实物单位”包括胜利通粉1斤、玉米1斤、华新纱厂所出三燕白布1尺，3种定量物品的价格总和。唐山广大靠薪给为生的职工反映，折实储蓄的举办使他们的生活更趋安定。[②]

北平人民银行储蓄部1949年4月1日正式开业后，“前往办理折实储蓄者络绎不绝”，当日共收各种储蓄存款5299个标准实物单位，合人民币490687.4元。存户中以公务员最多，为24人；其次为教员与学生，共14人；商人最少，仅有1人。该部为便利存户，积极筹设分支机构，于东、西、南、北城各设1个办事处。[③]4月4日当天存款增至6203个标准实物单位，合人民币569684.64元，存户以公务员最多，其次为教员、学生、工人。存款种类多为整存零付，计36户。[④]

折实储蓄开办后“获得广大人民的欢迎”，储蓄部自1949年4月1日开业至月底，开立了1303个储蓄户，存入实

---

① 沈建民：《对人民银行折实储蓄的一点意见》，《人民日报》1949年4月1日，第2版。

② 《冀东人民银行举办折实储蓄》，《人民日报》1949年5月5日，第2版。

③ 宇：《人民银行储蓄部开业　昨日存入近五十万元》，《人民日报》1949年4月2日，第2版。

④ 《折实储蓄存户日增》，《人民日报》1949年4月5日，第2版。

物单位共233943个，折合人民币23148451.26元。超出该行4月原预算。储蓄部每日开立的户头数目也日渐增加，至4月末一周平均每日已有90户。在4月全部存户中，职业区别有工人、学生、军人、自由职业者、教员、商人等，其中以公务员最多，占总存户数的31.2%，其次是教员，占16.4%，工人估9.2%。在4种（整存整付、存本付息、零存整付、整存零付）储蓄中，开立整存整付户头者最多。4月份全部1303户存户中，整存整付户就有902户，这些存户多是公教人员；零存整付的有263户，这些存户大部是工人。①

① 宇：《平市人民银行折实储蓄　上月存户达一千三》，《人民日报》1949年5月3日，第2版。

二、折实储蓄向全国推广

华北等解放地区开始统一实行折实储蓄

全国解放不断推进，为统一各地储蓄业务，中国人民银行于1949年4月27日下发了《为统一颁发活期、定期储蓄存款章程由》，明确表示："活期储蓄主要是为了解决定期储蓄存户必要时活期储蓄之方便，在业务上不是重点，而应积极开展定期储蓄。"[①]而折实储蓄主要是定期，由此可见，折实储蓄是解放初期银行储蓄业务的重点之一。

折实储蓄在天津、阳泉、北平（北京）等地试办后，取得了一定的成效。中国人民银行1949年4月20日颁布《中国人民银行定期储蓄存款暂行章程》提出，"为提倡节约，奖励社会各界人士、机关、团体长期储蓄，特举

---

① 中国人民银行计划司：《利率文件汇编（1948年7月—1985年7月）》，中国金融出版社1986年版，第5页。

办定期储蓄存款”。章程规定，定期存款分为货币储蓄与折实储蓄两种，由存户自择。货币储蓄，本金的存取与利息均以货币计算；折实储蓄，以货币折成实物存入，到期提取，以实物折合货币付给。实物以“标准实物单位”计算，1个标准实物单位包括面粉1斤、玉米面（或小米）1斤、布1尺共3种定量的物价。其价格以当地报纸公布之物价为准，存取款项均以前5日实物平均物价计算。折实的实物选择固定的牌号，日后牌号如有变更、消失或不足以作为普遍性的标准时，应重新选定其他品质相近的牌号代替，并予公告。

《中国人民银行定期储蓄存款暂行章程》规定，折实储蓄的种类分为4种：整存整付、零存整付、整存零付、存本付息，与天津、北平（北京）等试办城市一样，但在具体的存取额度、存取期限、存取利率上又进行了细化，如整存整付，存入数5个标准实物单位或款500元起码皆可。存入期限，由1年、半年、3个月3种改为3—5个月、6—8个月、9个月—1年3种。存取利率，由3个月月息3厘、半年月息5厘、1年月息8厘，改为3—5个月月息3—4厘、半年—8个月月息5—6厘、9个月—1年月息7—8厘5。

零存整付，存款期限由半年、1年两种改为半年—8个月、9个月—1年两种。存款额数，由1个标准实物单位起码改为1个标准实物单位或款100元起码。最后1个月内的存款不得超过已存次数的平均数。存款利率，由定期半年月息3厘、1年月息6厘，改为定期半年—8个月月息3—4厘、9个月—1年月息5—6厘。货币存款，定期半年—8个月，月息10—12分；9个月—1年，月息4—17分。中途停存，应到期支取利息半年减为2厘4、1年减为5厘，改为半年至8个月减为2厘4、9个月—1年减为5厘。到期迟交，其间断应存交次数1/3以上者，其利率由半年减为2厘7、1年减为5厘4，改为半年—8个月减为2厘7、9个月—1年减为4厘。

整存零付，存入期限由半年、1年两种，改为半年—8个月、9个月—1年两种。存本付息，存款额度由20个标准实物单位起码改为20个标准实物单位或款2000元起码均可。存入期限，由半年、1年两种，改为半年—8个月、9个月—1年两种。存取利率，由半年月息3厘、一年月息6厘，改为半年—8个月月息3—4厘、9个月—1年月息5—6厘。①

① 《中国人民银行定期储蓄存款暂行章程》，《人民日报》1949年5月10日，第2版；同日，中国人民银行也发布了《（中国人民银行）活期储蓄存款暂行章程》。中国人民银行计划司：《利率文件汇编（1948年7月—1985年7月）》，第6页。

华东、华中、华南等新解放地区推广折实储蓄

石家庄、天津、北平（北京）等地折实储蓄的实施取得了良好的成效，受到了民众的普遍欢迎。上海、南京、杭州等新解放的地区在解放之初，也出现了投机商人哄抬物价、银元疯抢、物价猛涨的情况。为稳定物价，保障民众生活，这些地区解放后，也开始着手实施折实储蓄。

上海解放以后，由于当时银元充斥市面，物价尚未完全稳定，1949年6月1日至10日的10天内，物价就上涨了180.3%。折实储蓄为广大市民提供了一种可以代替银元作为保值的手段，同时也为市场部分游资开辟了一条有利的出路。[①]天津、北平（北京）等地折实储蓄的良好示范作用，使新解放的地区对于折实储蓄的实施充满了期待和希望。如上海解放伊始，上海市军管会及人民政府为保障人民利益，稳定物价，打击操纵银元黑市扰乱金融的少数不法奸商和国民党残余匪徒，严厉打击银元交易。全市民众也展开了拒用银元运动，各校学生和人民团体组织了共有1.5万人的宣传队，在街头进行宣传。同时，人民银

① 王志诚：《五十年前的折实储蓄》，《文汇报》1998年9月19日，第8版。

行上海分行积极筹办“收兑银元和折实储蓄两项业务，以粉碎敌操纵银元扰乱金融的阴谋”。[①]上海中国银行自1949年6月6日开业后，也立即积极筹办折实储蓄及外汇存单交易所两项重要业务，并表示，短期内即可具备开办条件。[②]

媒体对折实储蓄也进行了广泛的宣传，如《大公报》刊登：“马上就要实施折实储蓄，以人民生产的物资来保护人民的收入……这样一来，人民就用不着被银元牵着鼻子，去把自己的血汗收入七折八扣的贡献给反动匪帮吸血虫。”[③]还有民众写了歌刊登在报纸上，宣传打击银元、欢迎折实储蓄：“银元叮叮当，银牛喜洋洋，如中匪特计，人民要遭殃，一众市民，听端详；人民币，有保障，发行准备硬绷绷，煤盐棉花和食粮，折实储蓄就举办，合作社啊要开张。银元贩子快改行，这种生意做不长，参加投机兴风浪，剥削大众太不当。更望人民政府你莫要留情，我们不要这个银元害人精。不许流通不许卖，银元贩子要肃清。幕后匪特罪恶大，迎头痛击打垮他。打垮他！

① 《沪人民踊跃兑存外币　军管会设立华东对外贸易局　二百余大投机商已正式扣押》，《大公报》（香港版）1949年6月14日，第1版。

② 《沪人民银行展开业务　国内汇兑周内可恢复　当局严密看管证券交易所　取缔非法买卖以建立新经济秩序》，《大公报》（香港版）1949年6月13日，第1版。

③ 《我们自己也应该行动》，《大公报》（上海版）1949年6月10日，第1版。

打垮他！我们拥护人民币！谁也不许破坏它！”[①]

社会民众对折实储蓄的举办抱有极大希望，提出“当局于今天提倡‘折实储蓄’制度，以鼓励人民节约和储蓄。按‘折实储蓄’即将依据米、布、煤、油等主要商品的价格来作计算的单位。凡存款或取款将以这些商品当时的市价来折合。消息灵通的观察家们认为：如果该计划能正式付诸实施，即可鼓励市民多少年来已遗忘的习惯——即存储各人所得薪金的一部份”。[②]上海市民校教职员为要求人民政府取缔银元，举办折实储蓄，特发出宣言：（1）民校全体教职员拥护人民政府解决银元问题，并愿协助政府彻底消灭银元买卖。（2）民校全体教职员愿全面教育民众，发动民众不买卖银元，并以身作则先不买卖银元。（3）拥护人民政府提倡折实储蓄和普遍创办合作社。（4）揭发反动势力扰乱金融。[③]

随着华东地区的全面解放，折实储蓄的实施范围逐渐扩展，1949年6月14日，中国银行总管理处储蓄部在1949年4月20日《定期储蓄存款暂行章程》的基础上，制定颁布了统一的《折实储蓄存款暂行章程》。该章程规定，折

---

① 潘际垧：《银元歌》，《大公报》（上海版）1949年6月11日，第9版。

② 《上海运到大批实物　煤米油盐储量极丰　当局限令进出口商申请登记　外商工厂工人要求资方加薪》，《大公报》（香港版）1949年6月16日，第1版。

③ 《上法学生开会　号召同学进行宣传　民校发动民众不买卖银元》，《大公报》（上海版）1949年6月10日，第2版。

实储蓄业务，储户存款时，先择定储存种类及拟存单位份数后，将人民币送交人民银行按照当日银行公布每单位价格折成单位份数存入。提取时以原存单位份数作为本金按约定利率计算应得利息（利息亦以单位计算），本息均以提取日银行公布的每单位价格折合人民币支付。[①]

相比而言，《折实储蓄存款暂行章程》与主要在华北地区推行的《定期储蓄存款暂行章程》有了不小的改变，其考虑到了各地生活习惯的差异性，并照顾到了普通民众的储蓄需求，其不同表现如下：

华北的折实储蓄主要是办定期，而华东及其他地区的折实储蓄除了原有的整存整付、存本付息、零存整付、整存零付，增加了活期储蓄。定期储蓄在3个月以上者，不限对象与储存额。活期储蓄及半个月、1个月的定期储蓄以有组织的工人、职员、教员、学生为限，并须经过各组织（工会、职业团体、学生会等）的正式介绍，经银行认可方能开户。其储存最高额每人每月最多不超过其本人1个月工资，学生每人每月最高额不超过其本人1个月伙食费。

计算单位以中等白粳米1升（南北市场趸卖平均价）、12磅龙头布1尺、本厂生油1两、普通煤球1斤，4种

① 《折实储蓄存款暂行章程》，中国社会科学院，中央档案馆：《中华人民共和国经济档案资料选编·1949—1952·金融卷》，第286—290页。

标准价格合并为1个单位。价格以上海当日《解放日报》登载前1日市场价格为标准，由银行每日挂牌公布以为存取款项的计算标准。

储存办法。（1）整存整付，取消了之前5个标准实物单位或款500元起码数额限制。存取期限由原来的3种增加到5种，即半个月、1个月、3个月、半年、1年；存取利率也相应为5种，即半个月月息半厘、1个月月息1厘、3个月月息2厘、半年月息4厘、1年月息6厘。提前支取改为，其存款不足1个月则利息免计，存期满1月者照原约定利率八折计算。过期提取，简化为超过日期即按活期储蓄处理不计利息，提取时本息按当日每单位价格计算。（2）存本付息，存取期限由半年—8个月、9个月—1年两种，改为半年、1年两种。存取利率相应调整为半年月息3厘、1年月息5厘。到期未支取的利息计算方法，简化为不计利息。（3）零存整付，存取期限由原来的半年—8个月、9个月—1年两种，改为半年、1年两种，利率相应调整为半年月息3厘、1年月息5厘，存款期次不变。停缴及续存，如间断续存超过5日视为间断1期，间断2期以上，其利率半年减为2厘4，1年减为4厘。（4）整存零付，存取期限由半年—8个月、9个月—1年两种，改为半年、1年两种，利率相应调整为半年月息3厘，1年月息5厘。

增加了活期储蓄。此项储蓄，各工厂、公司、学校的职工教员均可储存，每次领取工资后将当天所领的工资折实存入以后，即可随时支取。取款手续，分凭证支款与凭印鉴支款两种。不计利息。①

《折实储蓄存款暂行章程》颁布当日，“全市人民所盼望的折实储蓄存款”在上海由中国银行开始举办。计算单位以中等白粳米1升（南北市场趸卖平均价）、12磅龙头布1尺、本厂生油1两、普通煤球1斤，4种标准价格合并为1个单位。举办当日单位挂牌价为302元。中国银行因筹备时间短，手续不及办理，所以对外吸收折实存款暂以3个月者为限。工厂、学校暂照集团储蓄办法办理。该行对中纺公司、（伪）资源委会、邮政局、电信局等13家公营企业机构职工，派员办理集体储蓄。但当时报纸预计，各机构发薪，职工领取工资后，大部将转为折实存款。②

上海举办折实储蓄后不久，华东区的另两个城市南京、杭州也于6月20日举办了折实储蓄。人民银行南京分行举办的折实储蓄，以日用生活必需品中熟米1升、12磅龙头布1尺、豆油1两、统煤1斤4种实物价格合并为1个单

① 《折实储蓄存款暂行章程》，中国社会科学院，中央档案馆：《中华人民共和国经济档案资料选编·1949—1952·金融卷》，第286—290页。

② 《加强生产基金　保障生活水平　折实储蓄昨天开办　以米一升布一尺油一两煤球一斤标准价合为一单位　昨天单位价三〇二元　存提都以当天单位价付人民币　活期短期储蓄暂以有组织职工教员学生为限　定期三月以上者不限对象存额》，《大公报》（上海版）1949年6月15日，第1版。

位，以当地《新华日报》登载的前1日市场价格，折算成人民币的数量，由人民银行每日公布，为存取的标准。开办当日单位挂牌价为271元。南京人民银行及其委托办理折实储蓄的中国银行、交通银行分别在各分行及城北、城南地域，各工厂、学校所在地，派出了40个流动小组办理存储。第1天共计存5180个实物单位。第2天（21日）每单位挂牌价287元，人民银行共收入8384个单位，交通、中国两行收入15144个单位，两天共计存入28708个单位。[①]南京举办的折实储蓄，由于准备工作尚未完全就绪，在刚开始只暂时办理整存整付与活期储蓄两种，并规定活期储蓄及半月与1月的定期储蓄，暂以有组织的工人、职员、教员和学生为限。杭州人民银行与中国银行举办折实储蓄后，为便利职工储蓄，首先与杭市发电厂、邮政局、电信局、浙赣铁路局、公路局、第一纱厂、华丰造纸厂等洽商集体储蓄。[②]

华东区解放后，折实储蓄从大城市开始逐渐推及中小城市及地方。如人民银行皖北分行为鼓励储蓄，扩大生产基金，保障市民生活水准起见，在1949年8月也开始举办折实储蓄，“一般市民对于折实储蓄，颇感兴趣，连日纷

---

① 《京人民银行举办折实存款　出发四十个流动小组办理存储　两天共存入二万八千七百单位》，《文汇报》1949年6月24日，第2版。

② 《杭州、南京举办折实储蓄》，《大公报》（上海版）1949年6月24日，第2版。

纷前往储存”[①]。

华中区解放后，金融重镇武汉于1949年6月24日开办折实储蓄，人民银行汉口分行及4个办事处，以及武阳分行、中交等8处同时受理该项存款。活期储蓄开始暂限学生、工人、公务员，其他个人限以定期储蓄。团体储蓄暂不受理。[②]华中的南昌在解放后“为吸收游资，发展生产事业”，也于8月2日开办了折实储蓄，很受当地各机关、工厂、学校和企业的拥护，截至11日止，已存入8300余个单位，折合人民币约7000万元。[③]南昌的折实牌价为当地民众日常主要的必需生活资料，二机早米1.5斤、龙头细布0.4尺、食盐0.5两、（大）麻油0.5两、煤球3斤。每个牌价包括上列5种定量物价实物总和，按前1日《江西日报》刊载的行情为准，每日挂牌公布，为存取款的标准。折实储蓄消除了群众因害怕物价上涨，货币贬值而不愿参加储蓄的心理。[④]

华中区的另一个大城市长沙和平解放后，也开始举办

---

① 《蚌埠人民银行举办折实储蓄》，《大公报》（上海版）1949年8月31日，第7版。

② 《武汉举办折实储蓄》，《大公报》（上海版）1949年6月25日，第2版。

③ 《吸收零星游资发展生产　江西分行举办折实储蓄》，《金融旬报》1949年第5期，第3页；南昌市地方志编纂委员会：《南昌简志》，方志出版社2004年版，第353页。

④ 南昌市地方志编纂委员会：《南昌简志》，第353页。

折实储蓄。人民银行湖南省分行吸取了老区折实储蓄的经验，于1949年9月1日起举办折实储蓄存款。[①]该行规定，每个单位包括二道机米1斤、龙头细布1尺、衡煤1斤，以现价计，3种物价折合人民币789元左右。折实储蓄业务的举办，“极得当地人民的热烈拥护，前往存储者颇为踊跃”[②]。

随着全国解放向南推进，华南区各地也开始举办折实储蓄。厦门人民银行于1949年11月21日举办折实储蓄存款，其计算标准是近5天内的米1.5斤、油2两、12磅龙头细布1尺、柴5斤，“各阶层人士均愿意存款”[③]。华南区最大城市广州1949年12月22日举办折实储蓄存款。人民银行广州分行依照人民政府指示，提倡节约，奖励储蓄，举办折实储蓄，存款分4种：整存整付、零存零付、整存零付、存本付息。[④]每1个折实单位包括油黏米1斤、12磅大鹏细布半尺、土榨生油4两、松柴1斤、汕尾盐1斤。广州折实储蓄举办后，存户踊跃。[⑤]人民银行广州分行按前5日

---

① 《跃进的东北！工厂矿山努力生产　农民渔夫获得贷款》，《大公报》（香港版）1949年9月16日，第2版。

② 《湖南省分行举办折实储蓄存款》，《金融旬报》1949年第7期，第3页。

③ 《厦门举办折实储蓄》，《大公报》（香港版）1949年11月27日，第5版。

④ 《人民银行广州分行举办折实储蓄存款》，《大公报》（香港版）1949年12月22日，第2版。

⑤ 《人民银行广州分行举办折实储蓄存款》，《文汇报》1949年12月25日，第4版。

上列5种物价平均计算折成实物单位，每日挂牌公布。此项存款，完全根据实物折价，对于储户利益予以充分有力的保障，同时亦系人民资金直投资于国家生产的唯一正当途径。[①]

人民银行广州分行举办折实储蓄存款之初，因各种应用账表赶印不及，暂由南堤分行开办，俟账表齐全，市内所有人民银行办事处陆续开办。22日南堤分行储蓄业务极佳。[②]23日是人民银行广州分行开办折实储蓄存款的第2天，存户23日一天内即存入2060多个单位，比较22日增加10多倍。折实单位牌价24日改为人民币3702元。[③]

随着全国解放的推进，西安、南京、青岛、宁波、福州、兰州、重庆等地也陆续开展了折实储蓄，折实储蓄在全国普遍推广。

折实单位包含物品种类

对于各地折实单位所包含的物品种类，早在华北地区开展折实贷款时就考虑到了，“折实，必须是群众

---

① 《人民银行广州分行举办折实储蓄存款》，《大公报》（香港版）1949年12月22日，第2版。

② 《穗折实存款第一天　人民银行南堤分行开办》，《大公报》（香港版）1949年12月23日，第2版。

③ 《广州折实存款办理顺利　市民存款情形益见踊跃　人民银行公布存款暂行章程》，《大公报》（香港版）1949年12月24日，第2版。

经常生产的，常用的，价格正常的东西，种类不宜过多”[①]。“折实单位应该包括多种农产品及工业品，如煤米油盐布等，不能偏重于食粮，它的数量也要根据日常实际需要的多少来决定，不能均等”[②]。由于各地生活习惯不同，折实储蓄向全国普遍推广时，折实单位包含的实物种类亦被考虑。中国人民银行1949年4月27日下发的《为统一颁发活期、定期储蓄存款章程由》专门提出：“各地对本章程之实行，在保持原来精神原则下，可以在文字上、具体手续上及某些具体规定上作适用于当地情况之修改。”[③]

为了照顾不同地域民众的生活习惯，各地所定折实单位所含实物的种类和数量也有所不同。总的来说，华北、西北、内蒙古等地以面计算；华东、中南等地，除苏北、河南以小麦（面）计算外，其余均以大米计算；东北区以高粱米计算。[④]

---

① 孙世禄：《结合收种发展贷实　武安群众都觉得很活便》，《人民日报》1948年10月26日，第1版。

② 《关于折实储蓄几个问题的体会（选自〈华中银行月刊〉第五期1950年2月28日）》，王礼琦：《中原解放区财政经济史资料选编》，中国财政经济出版社1995年版，第661页。

③ 中国人民银行计划司：《利率文件汇编（1948年7月—1985年7月）》，第5页。

④ 《各区工商税收比较》，中国社会科学院，中央档案馆：《中华人民共和国经济档案资料选编·1949—1952·财政卷》，经济管理出版社1995年版，第170页。

各地在实行折实储蓄的过程中，为适应各方需要，照顾存户利益，根据本地情况，适时对本地折实单位所包含的物品、数量进行调整，如青岛的折实单位原定为兵船面粉2斤、大双龙细布1尺两种定量的物价，后因兵船面粉非该地出产、价格不稳定等原因，1949年10月，改成1个实物单位为该市一等面粉2斤、大双龙细布1尺两种定量的物价。银行在进行修改时，特布告民众说明，“本市一等面粉实际上较兵船面粉价格并不为低，尚希各户谅察”[①]。宁波从1949年9月19日开始实行折实储蓄，单位牌价包括米1斤、油1两、盐1两、细布1尺，自1950年2月22日改为中细干米1斤、熟菜油1两、盐5钱、燥松柴3斤、蓝龙头细布1尺。[②]北平折实储蓄单位牌价原包括万寿山通粉，1950年4月因该粉停止制售，改以北京通粉（八一粉）为计算标准，但两种面粉在价格上有差别，为使旧存户不受损失，银行经与北京市粮食公司及福兴面粉厂（制万寿山粉厂）负责人共同研究，得出结果，即万寿山通粉1斤等于北京通粉1.095斤。新标准实物单位牌价自1950年4月27日起实行。未到期存户，仍按原有计算办法继续办理。但牌

① 《中国人民银行青岛分行改订折实储蓄存款（固定实物单位）重要通告（1949年10月11日）》，青岛市档案馆：《青岛解放档案史料汇编》，第306—307页。

② 中国银行总管理处：《外汇统计汇编　初集》，中国银行总管理处印1950年版，第281页页下注。

价中所有以前万寿山通粉一律以北京通粉折合计算，即旧牌价单位内容包括北京通粉1.095斤、玉米面1斤、二厂红五福布1尺。旧存户毫不吃亏。[①]

人民银行汉口分行本来也采取和总行一样的米、面、布3种实物，数量都是1斤和1尺，以5天物价平均计算的结果为标准，但发现牌价涨落不合理，常和实际脱节，原因在于包括的实物太少和食粮占的成分太大，以及数量太均衡、5日物价平均计算等，所以，从1949年12月中旬起，中原地区改用中原人民政府的工薪实物“分”作为折实单位，每“分”包括大米一斤半、洋布4寸、麻油半两、食盐半两、煤球3斤，这5种实物和数量，都是根据每人每日的必需量，依照当天的市场价格和专业公司的零售牌价平均计算，作为次日的折实单位牌价。这种计算方法比较合理，一方面不容易预知次日的牌价和其必然的涨跌趋势，杜绝了投机者钻空子的机会，一方面它恰当地代表了当日的物价尺度，使存户取出1个单位真能买到1个单位价值的实物，真正得到了折实储蓄的利益。[②]

1950年下半年，上海普通煤球业停止制造，折实单位牌价内原包含普通煤球1斤。人民银行华东区行及工商局3

① 《折实单位牌价已改按“八一”通粉计算》，《人民日报》1950年5月6日，第4版。

② 《关于折实储蓄几个问题的体会（选自〈华中银行月刊〉第五期1950年2月28日）》，王礼琦：《中原解放区财政经济史资料选编》，第661页。

次召集有关部门会议，详细研讨改订计算办法，在保持单位价值不变、必须合情合理、务使职工生活不受影响的原则下，决定按照工商局核定纯屑煤球价格每担2万元、普通煤球每担1.5万元比例计算。因此，普通煤球1斤价格与纯屑煤球12两价格相等。所以中国人民银行公布的折实牌价中煤球价格，从1950年11月1日以纯屑煤球12两代替普通煤球1斤。①

即使是同一省份，不同地域折实单位所含实物种类、数量亦是根据当地物资及物价情况分别厘定。如陕西省，西安市每1个折实单位为混合粉2斤、雁塔白布1尺、混煤5斤。陕北区每1个折实单位为小米3斤、雁塔布1尺（或中等白布3尺），陕南、关中其他区域每1个折实单位为小麦3斤（等于1斗的1/5）、雁塔布1尺（或中等白布3尺）。②

折实单位所包含的物品种类一般为3—5种日常生活必需品。以上海为例，折实单位包括4种物品：中等白粳米1升（南北市场趸卖平均价）、12磅龙头布1尺、本厂生油1两、普通煤球1斤。在这4种物品之中，米价经常占一半上下，布价经常占1/3上下，二者合计占80%以上。由此造

① 《人行公布折实单位中煤球价格　昨起按纯屑煤球十二两计算》，《文汇报》1950年11月2日，第8版。

② 《陕甘宁边区政府通令——关于规定本年第四季度（冬）应征之营利事业所得税令仰遵照布征》，《红色档案　延安时期文献档案汇编》编委会：《红色档案　延安时期文献档案汇编　陕甘宁边区政府文件选编》第十四卷，陕西人民出版社2013年版，第366页。

成折实单位易受少数物价变动的影响。同时，折实单位所包括物价没有工业原料在内。但折实单位正因所含物价种类极少，“每日挂牌，颇为方便”。

折实储蓄的目的主要是“保障生活水准”“奖励累积家务”，那么它应当是一种简化的生活费指数。事实上，折实单位所包含的都是生活必需品中最必要的。解放前，民众生活水平不断降低，至解放初期，生活费中食物所占的比重日益增高。菜蔬副食的价格也大致随主要食物而上涨。如解放后，上海的折实单位在一个半月中，米的成分自40%增至59%。所以折实单位中食物一项占大部分的特点，与民众生活费用的实际情况相符。以内容而论，折实单位与生活费指数相当接近。在物价波动时期，如有每日挂牌的必要，折实单位是比较实际的办法。[①]以上海为例，决定牌价的4项物价，除煤球是零售价外，其他3项亦采用零售价，那么兑到的人民币和购买的实际价钱是很接近的。[②]

折实储蓄是带有奖励性质的，这种折实计算的办法在物价波动中，大大地照顾了存户的利益，但接受存款的国家银行是要遭受损失的。折实储蓄的举办，国家要

① 周有光：《折实制度与指数制度——折实制度研究之一》，《经济周报》1949年第9卷第7期，1949年8月18日，第21页。

② 《交通银行办理折实储蓄六月份总结报告》，《银行周报》1949年（第33卷）第31期，1949年8月1日，第24—26页。

支付一定的贴补。折实储蓄在收储以后，由于物价上涨，自然要产生存入时币值和取出时币值之间的一种差额，表现为存入时折实单位牌价和取款时折实单位牌价之间的差额，这种差额由国家予以贴补。[①]以北平（北京）、天津、石家庄3地为例，1949年5月，其折实储蓄存款总计为19626个折实单位51000万元，3地的差额补贴占存款余额的比率分别为24%、95%、77%，总计为32911万元。[②]

解放初期折实单位的实施是“有修正的余地的，只不过修正的地方是次要的，并不因修正而改变折实制度的本质”。折实单位可修正的地方，如上海隔日计算的办法，使单位波动过频，不如天津以5天平均价计算，较有缓和波动的作用。以平均价计算，还有防止隔日投机的作用。总的来说，折实单位虽然“不够精确，不够科学，项目太偏，波动太大”，但它的优点在于“简单，明了，易算，易行”，“在物价每天的变动还相当显著的时候，需要每天挂牌，折实制度比较方便”[③]。

---

① 程人杰：《谈谈折实储蓄存款》，《人民日报》1949年6月2日，第4版。

② 中国人民银行工商信贷局：《中国人民储蓄事业》，中国财政经济出版社1979年版，第42—43页。

③ 周有光：《折实制度与指数制度——折实制度研究之一》，《经济周报》1949年第9卷第7期，1949年8月18日，第21页。

折实牌价变化

解放初期，物价波动，折实单位所包含的物品价格发生变化，银行的折实牌价亦不断地随之调整。上海物价，自1949年7月下旬逐渐稳定，并有下跌趋势。据统计，7月份上海趸售物价指数上涨84%，而8月1日至11日则跌落近二成，尤以粮食和纱布下跌幅度较巨。8月10日，中白粳米及面粉市价，已跌到7月15日价格之下，生油市价则跌至7月6日水平，纱布价格也与7月中旬价格相仿。[①]

物价波动，作为物价指标的折实储蓄单位牌价也随着变化。中国银行储蓄部折实存款单位牌价，因1949年7月5日米油市价一致下降，细布、煤球价格较之前提升，平均可以扯平，7月6日挂554元，较前一天减低1元。7月6日米价平稳，布油市势微扬，7月7日折实单价挂573元，较前一日挂高19元。[②]8月3日，食米、生油、棉布继续下跌，8月4日折实牌价挂低32元，每单位为886元。[③]8月4日食米、生油略涨一些，8月5日折实牌价每单位也略提升，为

① 《当前物价趋势》，《大公报》（上海版）1949年8月12日，第2版。

② 《折实存款牌价　昨天五五四元　今天五七三元　外汇挂牌昨天不动》，《文汇报》1949年7月7日，第5版。

③ 《折实储蓄实牌价　昨挂八八六元》，《文汇报》1949年8月5日，第4版。

892元。[①]自8月1日到达967元的高峰后，逐日回落，12日牌价835元。[②]

解放初期，全国发生了4次大的物价波动，总体变动情况是：1949年2月至4月是平稳状态，4月下旬稍有波动，到5月下旬转稳，7月底至8月间又呈波动。自7月下旬至8月上旬，津、沪等地物价波动平息后，之后2个月各地物价皆处于相对稳定的状态，但自10月中下旬开始，华北区物价以粮食带头，上海以纱布带头又先后开始上涨，至11月上旬开始剧烈波动，[③]12月回跌。1950年2月（农历春节）期间，物价又上涨，[④]到3月之后，全国物价和金融市场开始呈现普遍稳定的局面。[⑤]1949年至1950年年初的几次物价上涨是解放初期政权初建过程中“一个不可避免的副产物”，其原因是多方面的，主要还是“国家支出猛烈增加，而国家收入则有待于恢复，入不敷出暂时不能不依靠发行大量钞票来弥补，因而不能不造成币值下跌”的

---

① 《折实储蓄实牌价　昨挂八九二元》，《文汇报》1949年8月6日，第4版。

② 《当前物价趋势》，《大公报》（上海版）1949年8月12日，第2版。

③ 杨波：《物价波动和克服物价波动的基本办法》，《人民日报》1949年12月8日，第5版。

④ 王敬：《北京市一年来的稳定物价工作》，《人民日报》1950年1月24日，第4版；《京零售公司开始营业　春节中奸商哄抬物价现均已回跌》，《人民日报》1950年2月21日，第4版。

⑤ 《北京的人民金融事业》编写组：《北京的人民金融事业》，北京出版社1962年版，第122—123页。

总趋势造成的。[①]

这几次物价上涨，“对于前线军队和全国人民的生活，影响很大”[②]。在这4次物价波动中，7月底至8月和11月这2次波动显著，民众感受最明显。

1949年7月10日平沪通车后，集中在沪宁的游资大量北流，而平、津两地煤、铁、碱面、大豆、植物油等南运上海，天津纱布又大量北运东北，于是工业品带头上涨，市布每匹7月比6月上涨84%，7月上旬门煤每吨可换面粉65.83斤，到8月上旬竟换到109.24斤。同时，由于7月下旬阴雨连绵，运平的粮食锐减，粮价又趋上升。[③]这次涨价“较过去为甚，各货价格平均上涨了一倍半左右”。[④]北平普通市民喻世长在日记中进行了详细的记载。7月24日，喻世长已感到油、盐等物都贵了，7月31日，因为忘记交二妹学费20斤米，[⑤]第2日，米价猛涨，“要一倍还多”，下午1点的时候，1斤小米价由75元涨到116元，下午5点的时候，已经涨到190元了。[⑥]经过两天的涨价，喻

① 《战胜财政困难，争取物价稳定！》，《人民日报》1949年12月4日，第1版。

② 同上。

③ 王敬：《北京市一年来的稳定物价工作》，《人民日报》1950年1月24日，第4版。

④ 《严厉取缔投机活动保持物价平稳！》，《人民日报》1949年7月29日，第1版。

⑤ 喻世长著，王金昌整理：《建国日记》，第385页。

⑥ 同上，第386页。

世长手中的钱被挤干了。8月2日，为给妹妹交学费，他不得不把之前买的纸烟、肥皂、火柴、袜子等卖掉，并把三四个月没卖掉的破皮包发狠卖了800元。当日米价涨到了210元1斤，喻世长最终凑了4200元给妹妹交学费。[①]因为物价上涨，日常生活也遇到了困难，市民饮食“越来越粗粮当先”，[②]还得借钱买菜。[③]8月上旬后，物价转趋平稳。[④]

10月上旬，由于华北产棉区和灾区缺粮，粮价带头上涨；绥远解放后，棉布的需要量增加，这样又引起纱布上涨。因此，北京市物价自10月7日起，又出现新的波动。到10月28日，因防鼠疫，京绥线交通封锁后，商人更乘机囤积居奇，故意造成“粮荒”的气氛，引起群众心理恐慌，争购煤、粮，而形成11月11日、12日两日物价上涨的高峰。伏地小米10日每斤440元，12日竟涨到800元，门煤甲块10日每吨价8.1万元，13日竟涨到16.5万元。[⑤]因为物价上涨，合作社的米、面迅速被抢光，市民买玉米面吃，买不起肉，只得吃素。[⑥]喻世长对这次涨价记载道：“为

---

① 喻世长著，王金昌整理：《建国日记》，第387页。

② 同上，第390页。

③ 同上，第393页。

④ 王敬：《北京市一年来的稳定物价工作》，《人民日报》1950年1月24日，第4版。

⑤ 同上。

⑥ 喻世长著，王金昌整理：《建国日记》，第472页。

了百物涨价，我心中发慌。”[①]在北京市人民政府一系列的平抑措施下，11月底，物价开始全面回落。[②]

这4次全国性的物价波动，均不同程度上带动了全国范围内折实牌价的波动。如天津1949年3月折实牌价平均为90.25元，8月物价上涨，折实牌价随之上涨，平均达781.58元，之后2个月物价稳定，折实牌价也保持稳定，10月折实牌价平均为823.76元。至该年11月、12月间，物价上涨迅猛，折实牌价也随之调升，12月平均为3001.19元。[③]

整体来说，全国各地折实牌价变动虽然同物价波动紧密相关，但各地折实牌价上涨的幅度有所不同，以物价波动幅度最大的1949年11月来看，上海折实牌价1949年11月7日为1182元，11月28日为3101元；南京折实牌价11月7日为1077元，11月28日为2620元；无锡折实牌价11月7日为2285元，11月28日为5869元；杭州折实牌价11月7日为1172元，11月28日为3115元；芜湖折实牌价11月7日为1101元，11月28日为2468元；青岛折实牌价11月7日为1469元，11月28日为3949元；合肥折实牌价11月7日为

---

① 同上，第474页。

② 王敬：《北京市一年来的稳定物价工作》，《人民日报》1950年1月24日，第4版。

③ 《天津市折实储蓄单位牌价变动概览》，中国社会科学院，中央档案馆：《中华人民共和国经济档案资料选编·1949—1952·金融卷》，第309页。

781.59元，11月28日为2171元。①

解放初期至1950年3月之前，市场物价经常发生变化，少数几日略有回落，多数日子在上涨，而且有时上涨猛烈。尽管物价上涨猛烈，但存款者的利益却因折实储蓄得到了实实在在的保障。如上海市民1949年6月14日存入银行1个折实单位人民币302元，12月31日可取出1个折实单位的本金（不含利息）3011元，同样还可以买到6月14日302元买的那些商品。②

物价波动带动了折实牌价的波动，也引起了折实储蓄存款数额的变动，以南京为例：人民银行南京分行1949年6月20日举办折实储蓄。6月至7月，因物价上涨，存储者非常踊跃，最高存储额达101万个单位。8月、9月由于农产品价格下跌，折实牌价亦跟着挂低，存户为保持币数，均纷纷提付。至8月20日止，折储余额，减少至32万余个单位。9月26日，该行增订9项折储补充办法，规定牌价改以前5日4种生活必需品平均价计算，以及每一职工活期存储数额不得超过80个单位，等等。因上项规定的限制，折储单位余额日渐减少。11月下旬以后，由于物价上涨及

① 《各重要城市折实单位牌价》，《南京金融周报》1949年第1卷第1期，1949年11月16日，第20页；《各重要城市折实单位牌价》，《南京金融周报》1949年第1卷第4—5期，1949年12月14日，第22页。

② 《十二月折实储蓄存款牌价变动表》，《工业经济参考资料》1950年第3—4期。

银行再度改订折储办法，牌价仍按当日《新华日报》所载前1日4种生活必需品价格总和的方法计算，取消活期存储额的限制，等等，放宽了折储的尺度、存储单位，折实储蓄数额逐渐增加。至11月底，定、活储单位共65.9万余个单位，较10月24日最低余额11.7万余个单位，增加4.6倍以上。①

因为物价上涨，在解放初期，折实牌价总体呈上涨趋势。以天津为例，中国人民银行天津分行1949年3月至12月10个月中，折实单位牌价一路上涨，12月的牌价是3月牌价的33倍多。在物价波动过程中，全国各地折实储蓄牌价均随之波动，但各地牌价涨落亦受本地物价的直接影响，表现亦稍微不同。从1950年3月开始，全国物价持续保持平稳，折实牌价则是逐步下降，并保持平稳。1950年5月初，广州的折实牌价为6518元，8月中旬降至5800元，之后经常保持在5000—6000元间。②上海的折实牌价在1950年3月2日达到最高6552元后，开始逐步下降，至3月底降到6057元，4月、5月份折实牌价继续下降，至5月31

① 《中国人民银行南京分行九至十一月折实储蓄结存单位变动图》，《南京金融周报》1949年第1卷第4—5期，1949年12月14日，第1页说明。

② 《财经统一措施后一年来广州经济情况　195104》，中华人民共和国国家经济贸易委员会：《中国工业五十年　第一部　国民经济恢复时期的工业：新民主主义社会的工业·1949.10—1952·下卷》，中国经济出版社2000年版，第1678页。

日降到5362元，[①]之后继续下降，至1950年12月底，折实牌价降为4965元。[②]1951年，折实牌价经过小幅度上涨，基本保持在5450元左右。[③]此后，直到1955年3月实行新人民币，上海折实牌价一直波动不大，保持在5500元左右。[④]折实牌价的数据反过来也可以证实，从1950年3月之后，物价稍有起伏，但基本保持在稳定的状态。

---

① 《一九五〇年五月份　沪折实储蓄牌价》，《文汇报》1950年6月1日，第4版。

② 《一九五〇年十二月份　本市折实牌价一览》，《文汇报》1950年12月31日，第8版。

③ 《折实牌价》，《文汇报》1952年1月1日，第3版。

④ 《折实单位牌价》，《文汇报》1955年2月28日，第4版；《折实单位牌价》，《文汇报》1955年3月1日，第4版。1955年2月28日，折实单位牌价为5525元（旧人民币），1955年3月1日，折实单位牌价为5525元（新人民币）。

三、折实储蓄实施过程中的不断调整

群众对折实储蓄的建议

由于长期通货膨胀，人民不愿进行货币储蓄，中国人民银行开办了折实储蓄，并不计盈亏在大城市首先举办，用以保障职工生活的安定，同时又配合打击银元投机，巩固金融物价，以逐渐恢复人民的储蓄习惯。[①]但在折实储蓄开办后，一些具体的规定使民众在实际存取过程中感觉不便，人民银行各地分行陆续收到民众的反馈和建议。如人民银行北平分行储蓄部开办折实储蓄1个月内，先后收到工人、市民等的建议信百余件。随着存户的增加，不断有市民建议改善存款期限、存款额度等，这同时也说明折实储蓄在当时已为广大人民所关心。[②]市民的建议多数

① 胡景澐：《迅速开展人民储蓄事业》，《人民日报》1950年12月6日，第2版。

② 宇：《平市人民银行折实储蓄　上月存户达一千三》，《人民日报》1949年5月3日，第2版。

集中在要求“整存整付”存储期限再适当缩短，“零存整付”每次存款金额不加限制或有伸缩范围，以及如何便利存取等方面。另外希望人民银行在星期日办理折实存款业务，因为一般职工、学生在星期日才有时间。[①]

如北平市民沈建民给《人民日报》写信，专门就“零存整付”提出：“零存整付，我有以下意见。关于此项，人民银行之规定为‘此项存款系零星存入一次提取的定期储蓄存款，期限分为半年、一年两种，其存交期次分为每半月一次、每一月一次、每两月一次、每三月一次四种，由存户自择。关于额数，每次存入固定之单位数以一单位起码，多者不限。由存户开户时自行规定。额数一经确定，不得变更’。对存交期次，我以为存户在择定一种（如每月存交一次）后，在此期限（三十日）内，如存户愿意再存时，银行可以许可其存入二次或若干次，这样更方便。因为有好些自由职业者、劳动者，他们所得的薪给是不定的。对于‘额数一经确定，不得变更’一节，我认为许可变更好（但最少是一固定单位），有的人这月可储十单位，下月也许降低或升高，因为他断定不了是否发生临时事情。有一定限制，他会感到不方便。如果以上两种限制打破，大家便随时可以存款。在银行计算利息时虽

① 林丹华、赵安、李桂森等：《小建议五则》，《人民日报》1950年4月26日，第6版。

多些麻烦，但对人民大众却很好。”《人民日报》认为，该市民所提的建议“实行起来也许有困难，不易做到”，但同时也认为“这种积极建议的精神是很好的”，所以特意刊出，希望引起讨论。①

又如市民章成提出：“折实储蓄整存整付为何规定三个月起码？我觉得这样对于存户很不便，一个月或两个月以后要用的钱就不能存储，但一个月或两个月中，物价往往有变动，我觉得这种呆板的定期，减低了吸收游资稳定物价的效力，我建议期限改为一个月起码……有折实存款的存户如有急用时，是否可以请求贷款？”②人民银行北平分行储蓄部对章成提出的问题在《人民日报》进行了回复：“一、本部办理折实储蓄的基本精神是希望做到‘公私两利’。一面给与存户实物保本的利益，一面将所吸收的存款转运用于生产建设，协助政府执行政策。在后一方面，为了便于运用计划的进行，便必须有较长的时间，因此我们规定最短存期要满三个月。如果存期过短，运用发生困难，那时银行给存户以保本的利益就成为片面的贴补，而失去公私两利的意义了。你所提的意见，看到存户利益上较多，而未了解本部整个精神，本部对你善意

① 沈建民：《对人民银行折实储蓄的一点意见》，《人民日报》1949年4月1日，第2版。

② 章成：《折实储蓄不是片面贴补　整存整付期限不能缩短》，《人民日报》1949年9月21日，第4版。

的建议表示感谢，愿意留作参考，但在目前还无法实行。二、折实储蓄单折质押贷款业务，本部最近已经举办，凡是本部折实储蓄存户存满一个月以上者，如因下列各项情形需款，均可用公开存款单折向本部申请质押贷款。1. 私人婚丧特殊事故，须取得公安或登记机关正式书面证明。2. 私人疾病或意外伤害，须取得医疗处所正式书面证明。3. 私人因公调动离开本埠，须取得其管辖机关正式书面证明。4. 机关团体意外事故，须取得其上级机构正式书面证明。”①

上海也有市民如李正伟、董萍、周企明、谭志农共同通过《大公报》反映，希望多增加办理定期折实储蓄的办事处。《大公报》将市民意见转给人民银行上海分行，上海分行在《大公报》上对此问题进行回复说，最近职工市民踊跃存储折实储蓄，该部因限于营业厅地位及人手，处理确为迟缓，为补救这种情形，现在该行各办事处、各服务处、市郊支行暨郊区各办事处，以及中国银行和交通银行上海分行暨该市各支行办事处，已分别开始办理1个月以上的定期折实储蓄。该行12月1日第19、第20、第21办事处成立，也要举办定期折实储蓄的业务，储户可以根据自己的便利，选定任何一处存储，不用集中到外滩16号本

① 章成：《折实储蓄不是片面贴补　整存整付期限不能缩短》，《人民日报》1949年9月21日，第4版。

部。该行还对民众的建议表示感谢，并希望民众经常提出批评、建议。[①]

各地银行对民众提的建议都很珍视，[②]通过媒体耐心地进行回复，对于民众所提不论小问题还是大意见都十分重视和注意研究，如有些职工提出取消现用存款单证改用存折的建议，银行立刻集中专家研究，草成报告书，并登报公布，广采各界人士意见来决定。[③]银行方面认为，许多民众和职工提出的善意建议，可以帮助纠正它们的错误，督促它们的行动，使折实储蓄的前途“非常乐观”[④]。

各地对折实储蓄章程的修订

折实储蓄是一项新的银行业务，是国家银行为稳定物价吸收存款采取的办法，最早在华北地区试办，后逐渐推广至全国。中国人民银行1949年4月20日颁布的《定期储蓄存款暂行章程》与中国银行1949年6月14日颁布的《折

---

① 《便利折实储蓄　增设办理处所　人民银行接受读者建议》，《大公报》（上海版）1949年12月2日，第3版。

② 建宇：《北平人民欢迎折实储蓄　存款已达七百多万》，《人民日报》1949年4月10日，第2版。

③ 《交通银行办理折实储蓄六月份总结报告》，《银行周报》1949年（第33卷）第31期，1949年8月1日，第24—26页。

④ 《全市人民热烈支持下　折实储蓄顺利展开　工厂机关纷纷接洽集体存贮　交通公用事业存款由交行主办　存款单位折合率昨天提高三元》，《大公报》（上海版）1949年6月1日，第1版。

实储蓄存款暂行章程》是指导折实储蓄全国性的章程，但随着国家政治、经济形势以及民众实际需求的变化，各地分行在办理折实储蓄的过程中，根据这两个章程进行了适合于本地情况的修正。

北平开办折实储蓄较早，折实储蓄发展也较快，但存取期限、利率等的规定让民众感觉不便，人民银行北平分行遂于1949年7月1日颁布施行了《修订折实储蓄存款章程》，将民众关心的几个部分进行修正，主要包括：（1）存款期限。旧章程内对于存款期限，只规定为3个月、半年及1年3种。新章程将原规定期限放宽修改为：整存整付自3个月起码至1年为止，以月为单位（即3个月、4个月……以迄1年均可），任存户自择。存本付息、零存整付、整存零付3种存款期限，均自半年起码至1年为止，以月为单位。（2）放宽零存整付存款每次存入单位个数。旧章程规定每次存入的单位个数是固定的，不能增减。为便利存户，新章程将此项限制取消，改为每次存入以1个单位起码，多者不限，但最后1个月内每次存入的单位数，不得超过已存各次单位总和的平均数。（3）整存整付存款额，改以20个以上标准实物单位起码（原为24个），多者不限，但以能平均分取为准。（4）利率按月息计算，最低利率为3厘。存款期限每增1个月，利率即增1级（5毫为1级）。为鼓励长时期储蓄，采取利率递增办法。例如：整存整付，3个月3厘，4个月3厘5，5个月4厘，6个月5厘，以此类推。存本付息、零存整付、整存零付3种：6个月3厘，7个月3厘5，8个月4厘，9个月5厘，以此类推。（5）整存整付、零存整付、整存零付3种提前支取时，存满3个月以上的利率，应依据其实存月数，照整存整付所规定利率折扣付给。（6）存款期满，存户申请转期办法与以前相同，但亦可用函件申请，可将原存单折加盖原印鉴，附寄以凭办理。该行办理转期，以收到函件之日为准。（7）零存整付存款，如有中途停存情形，其利息按原定利率八折计算。零存整付存款可于到期前5日预先办理续存手续，按收存当日牌价计算。逾期迟交如物价上涨，按存交日牌价计算，物价下落，则仍按原定存交日牌价计算。迟交逾5日以上，仍视为间断1次，利息照原定利率九折计算。①

对折实储蓄章程的修订促进了折实储蓄的发展，北平1949年7月1日施行新章程后，该章程中零存整付办法的改进“深受工人的欢迎”，该项存款户数随之增多，7月上旬，开户总数1700余户中开立零存整付户头者有979户，以往整存整付户头一向居首位，在这旬中让位于零存整付。开户者职业统计7月上旬亦有变化，工人户头见增，

① 宇：《人民银行北平分行储蓄部　修订折实储蓄存款章程》，《人民日报》1949年7月1日，第2版。

占全部户头的30%强。[①]整个7月，折实储蓄更是“益见开展”，全月收入新存户5648户，共吸收446136个实物单位，折合人民币1.55亿余元。在户数上较6月增加约1/4，在吸收单位数上较6月增加1倍（6月计有4485户221964个单位）。其中，以整存整付户头最多，占全部存户的55%；零存整付次之，占38%强；整存零付又次之，占5.1%；存本付息最少，全月只有1户。在上述4种储蓄存入单位数上，亦以整存整付最多，占总单位数的78.3%；其次为整存零付，占14%；零存整付较少，占7.4%；存本付息最少，仅有47个单位。[②]北平1949年7月折实储蓄存户及吸收单位数增加的原因，除受物价波动影响外，主要是由于7月1日修订储蓄章程，特别是零存整付每次存入单位数限制的取消，使储蓄户“均感便利”，外界反映良好。[③]

折实储蓄开办之后，储存的单位逐渐增多，但机关团体的存款较多，工人、学生与公务员的存款数字却不占多数，“这与原来举办折实储蓄的意义并未完全符合”。针对这种情况，华中最大城市武汉根据各方面的意见，对原

① 宇：《北平人民分行储蓄部 上旬存户显著增加 零存整付办法改进工人很欢迎》，《人民日报》1949年7月17日，第2版。

② 宇：《上月折实储蓄 吸收单位倍增》，《人民日报》1949年8月12日，第5版。

③ 同上。

来的折实储蓄规定进行修订，[①]并于1949年8月25日举办金银折实存兑。[②]

武汉，为华中最大城市，此地提高牌价，四周各县势必会随之提高，而四周都是新区，牌价提高恐将影响物价，于是采取金银折实存兑办法，将金银折合成若干个标准实物单位，在一定期间相对固定下来，虽然金银价值每日随物价在变，但使群众感觉不到牌价的变动。[③]金银折实存兑既迅速排除了金银，又保障了金银持有者的正当利益，使游资投入生产事业。折实标准定为银元（正洋）每枚折合标准实物单位2.7个，赤金每两折实标准实物单位181个，可以自由选择折实储蓄存款或照折兑人民币。[④]这项业务受到人民的拥护，民众“争先恐后踊跃存兑”。前6日，共兑入黄金4210376两、银元378116枚，前往存兑的总计有9539人，较汉口人民银行分行6月至8月25日两个多月来共收兑黄金成绩更为显著。金银折实存兑之所以取

① 《折实存款修正办法　汉口分行正在研讨》，《金融旬报》1949年第4期，第3页。

② 《汉口人民银行举办金银折实存兑》，《文汇报》1949年9月13日，第1版。

③ 《河南省金融志》编辑室：《河南省金融史志资料汇编　第二辑　中州农民银行续辑》，《河南省金融志》编辑室1984年出版，第182页。

④ 《汉口人民银行举办金银折实存兑》，《文汇报》1949年9月13日，第1版；《人民银行汉口分行　举办金银折实存兑　济南折实储蓄业务扩展》，《人民日报》1949年9月12日，第4版；《汉分行举办金银折实存兑　得到人民热情拥护》，《金融旬报》1949年第7期，1949年8月20日。

得成效，其中一个原因就是银行调整折实单位牌价接近市价，减少黑市，使正当商民不吃亏。[①]金银折实存兑在方法上与折实储蓄大体相似，但性质上并不一致。前者主要是排除金银的权宜之计，没有在其他地区推广，[②]并且金银折实存兑满1月限期不再延续。[③]

上海在解放之初，由于新的银行机构未健全，中国银行因为总管理处在上海，一定程度上承担了上海折实储蓄领导银行的功能，[④]中国银行各地分支机构亦仍由其直接领导。1949年11月1日，中国银行将原有业务加以调整，中国银行原辖国外部及上海分行合并组成为中国银行上海分行，原有折实储蓄业务及其他各种储蓄业务移归中国人民银行上海分行合作储蓄部接管。[⑤]

1949年6月14日，中国银行总管理处储蓄部在《定期

---

① 《汉分行举办金银折实存兑　得到人民热情拥护》，《金融旬报》1949年第7期，1949年8月20日。

② 《人民币的统一和占领全国市场》，《新中国若干物价专题史料》编写组：《新中国若干物价专题史料》，第66页；王礼琦：《中原解放区财政经济史资料选编》，第638页。

③ 《汉口金银折实存兑结束　照顾持有人利益仍由人民银行恢复挂牌　银元一千八百元黄金十二万五千元　华中区花纱布专业公司下月初成立》，《大公报》（上海版）1949年9月28日，第5版。

④ 《中国人民银行上海分行：壮大国家银行，普遍建立金融网》，中国社会科学院，中央档案馆：《中华人民共和国经济档案资料选编·1949—1952·金融卷》，第48页。

⑤ 《中国银行业务调整》，《银行周报》，第33卷46号，1949年11月14日，第48页。

储蓄存款暂行章程》的基础上，颁布了《折实储蓄存款暂行章程》，上海开始办理折实储蓄。嗣后不久，中国银行将整存零付存入最低额改为24个单位，活期储蓄仍为工厂、职员、教员，存入数额以本人1个月工资为限；旋又颁布《折实储蓄存款集团存取办法》，由各工厂学校每期发给员工薪给时，将各人在本期所得之数提出愿存之数，集中用团体名义存入折实储蓄，存款作为集团储蓄。[①]该办法颁布后很快就取消了。

同年8月30日，中国银行总管理处储蓄部为防止活期储蓄弊端，鼓励定期储蓄，进一步贯彻“奖励节约储蓄，加强生产基金，保障生活水平”的宗旨，[②]公布《折实储蓄存款补充规定》，就折实储蓄的办理技术方面做补充规定：凡有组织的职工教员学生，以其每月薪金所得存储时，其存储在100个单位以下者，均可存活期储蓄；100个单位以上300个单位以下者，其超过部分只准存半个月以上的定期储蓄；300个单位以上者，其超过部分只准存1个月以上的定期储蓄。凡有组织的职工教员以其每个月薪金所得存款时，须自发薪日起3天内一次存入，过期只付不

---

① 《折实储蓄存款集团存取办法1949年6月》，华东区财政经济委员会计划部编印：《华东区财政经济法令汇编　金融》，华东区财政经济委员会计划部1949年版，第33页。

② 《沪当局保障人民生活水准　鼓励定期折储存款　中行补充办法八项　开办有组织之职工教员学生存款》，《大公报》（香港版）1949年10月9日，第5页。

存；活期储蓄须于存入后第3日起方得提取，并须于原存储所提取，不得持甲处所发存证到乙处提取；整存零付提存最低额，改为存时最少24个单位，提取时每次最少2个单位；零存整付存款，期次除半个月、1个月、2个月、3个月4种外，增添1星期1次1种。凡定期储蓄未到期前均不得提取，但存户如有婚丧疾病或紧急需用，取得相当证明文件，经银行认可后，以存证作抵押贷款，其贷款额以该存证的七折为最高限。①

中国银行总管理处储蓄部同时又颁布《定期折实存单存折质押贷款暂行简则》，专对存户遇有婚丧疾病特殊困难，而迫切需用款项时申请质押款项而设。②具体规定如下：凡该部定期折实储户存款，已存满半个月以上，如遇婚丧疾病情形者，可以其持有本户的存单、存折依照本简则规定，向该部申请质押贷款。申请时应填写贷款申请书，写明金额、期限、用途等附具足资证明用途的书面文件，并觅具妥保，经该行审查认可后，方可办理质押手续。此项质押贷款本利均按折实单位计算，中国银行以当日折实牌价折合人民币收付。质押期限最少半个月，最长至原存单折到期日止。押款额度在整存零付、存本

---

① 《中国银行总管理处储蓄部折实储蓄存款补充规定》，《银行周报》第33卷第38期，1949年9月19日，第45页。

② 《中国银行总管理处储蓄部定期折实存单存折质押贷款暂行简则》，《银行周报》第33卷第38期，1949年9月19日，第45页。

付息按原存折实单位本金数计算，在零存整付、整存整付按押款时折实单位结存数计算，并照下列折扣办理：（1）存满1个月以上者照五折押款。（2）存满2个月以上者照六折押款。（3）存满3个月以上者照七折押款。在质押期间存本付息之应付利息及整存零付之应付本金，均至放款到期日一并计算，中途不得提支，但在零存整付如停缴时，应按该部《折实储蓄存款暂行章程》第七条第三项第四段停缴办法办理。此项押款利率，照该行折实放款利率办理。此项押款如拟期前偿还，须于5天前通知，仍照原约定利率及期间算收利息。此项押款如逾期不来偿还，按照下列两项办法处理：（1）存款与押款同时到期者，该部可主动将原存单位全部提出，除偿还押款本息外，如有剩余，即照到期日的牌价折合人民币暂存。（2）贷款已到期而存款尚未到期时，本部可主动将贷款本息转期至存单存折到期日止，其利率改按原契约所定利率加25%计算。原存单存折在押款期间，如发生债权债务纠纷，可由押款人自理，概与该部无涉，如因此致令该部遭受损失时，由押款人及保证人负责赔偿。[①]

1949年11月1日，人民银行上海分行合作储蓄部接管中国银行原有折实储蓄业务及其他各种储蓄业务后，主动

① 《定期折实存单存折　质押贷款暂行简则　利率照折实放款率计算》，《大公报》（香港版）1949年10月9日，第5版。

争取为人民服务，在上海市各区重要地点设立服务处43个，工作人员有160余人，每个服务处3—4人，主要的业务是办理折实储蓄等储蓄业务，兼办汇兑业务，附近居民可就近前往开户储蓄。①

1949年10月，上海物价趋跌，中国人民银行上海分行合作储蓄部为保障储户利益，将短期储蓄利率提高，与一般银行短期存款利率一致。从1949年11月1日起，人民银行将合作储蓄部的短期存款利率调整如下：7天期月息由1角5分增至2角5分5厘，15天期由1角6分5厘增至2角7分，30天期由1角8分增至3角。②该项储款在10万元以内者，可在该行各办事处兑取。短期利率提高后，市民“存储十分踊跃”。折实储蓄存户将存款转入短期储蓄，仅用内部转账方式，无须先行兑现，手续十分便利。③

自折实储蓄存款开办以来，对于奖励储蓄、打击金钞银元投机与保障职工市民生活，成效甚著。为适应各方要求，进一步奖励节约储蓄，增进职工福利，并鼓励市民参加折实储蓄，中国人民银行上海分行颁布了《修正折实储

---

① 《沪人民银行合作储蓄部普设》，《银行周刊》第33卷45号，1949年11月7日。

② 《沪人民币调整短期存款利率》，《银行周刊》第33卷47号，1949年11月21日。

③ 《人民银行沪行提高短储利率折实存户转入手续方便　公私行庄定存利息普减》，《大公报》（上海版）1949年11月29日，第5版。

蓄存款办法》，自1949年11月10日起实施。有组织的职工教员，每月活期及半个月定期储存款，以其该月薪金所得为限，学生以其每月生活费为限；定期折储分半个月、1个月、2个月、3个月、4个月以上5种，除半个月定储只限于有组织的职工教员及学生外，其他4种不限对象及储存额，其利率半个月月息3厘，1个月月息5厘，2个月月息7厘，3个月月息1分，4个月以上面议；零存整付、整存零付、存本付息3种定期存款，均以3个月为起点；利率3个月8厘，4个月以上面议；记名定期存证如有遗失，准予挂失。①人民银行合作储蓄部改进折实存款办法，将期限缩短为1个月以上不限数额，人人可存，“一般市民均称便利”。该办法实施后，“去存折实存款的人也特别多”，以至下午五点半，过了银行办公时间，人民银行上海分行合作储蓄部收款柜上还是挤着很多人，等着解交折实存款。②

人民银行上海分行合作储蓄部于11月1日修正折实储

---

① 《中国人民银行上海分行折实储蓄存款补充规定》，《南京金融周报》1949年第1卷第1期，1949年11月16日，第13页。《折实储蓄　改定期限利率对象　记名定期存证遗失准挂失　定期分半个月至四个月五种　除第一种外其余不限对象及储存额》，《文汇报》1949年11月10日，第4版；《奖励储蓄照顾市民增进职工福利　折储存款补充规定　职工教员储存活期及半月定期以该月所得为限学生以每月伙食费为限　利率全面调整　一月以上不限对象和存额》，《大公报》（上海版）1949年11月10日，第5版。

② 《折储期限缩短了　存款的人更多了》，《大公报》（上海版）1949年11月15日，第5版。

蓄存款办法后不久，为适应群众要求，又开放半个月期折实储蓄存款，不限对象，不拘数目，均可存储。该部为照顾群众团体利益起见，同时增办一星期的短期折实储蓄存款，除职工、教职员、学生仍可存储外，凡属有组织的团体、各级工会、同业公会、慈善教育文化机关等所有各种款项（如会费及各项基金等），均可开户折存。以上两种存款可随时存入，不限数额，但均不给利息。自11月13日起，在上海市各支行办事处、服务处及代办行如中国、交通、新华、四明、中国实业、中国通商、邮政局等，同时开始办理。[①]人民银行上海分行将折实储蓄期限缩短，不限数额，人人可存，“对市民存折实存款更为便利”。[②]

人民银行上海分行合作储蓄部自将折实储蓄存款尺度放宽以后，一般职工市民存储十分踊跃。各公司团体亦多以会费、福利基金及预定应发的奖励金或工资等存入，但市民反映，“存款到期日与实际需用日期不尽适合，略有不便”。为进一步适应存户需要，12月10日，该部又规定，凡1个月以上的整存整付定期折储，于存储时可以预定任何付款日期，不受限制，由存户自行选择（原来须要定存3个月对象才不受限制）。例如存35天，或78天均

① 《人民银行应群众要求　增办两种折实储蓄》，《文汇报》1949年11月17日，第4版。

② 《折实存款　有新办法》，《大公报》（上海版）1949年11月17日，第3版。

可。唯存取不满2月者，按1月计息，不满3月者按2月计息。余类推。此项办法实行后，“对于一般存户便利至多”。又，该部短期货币储蓄利率，全照市场资金供求情形机动调整，与各大商业行庄短期定存利率趋于一致，一般存户以其本稳利厚，手续简便，将定期折实储蓄到期转短期货币储蓄者甚多。[①]存款利率也相应调整，定期存款月息从原先的1厘提高到5厘。改进办法公布时，正值物价波动，一般市民为了避免损失，纷纷将行庄短期存款取出，改向人民银行存折实储蓄；同时该办法施行时，正是各机关工厂月中发薪的日期，因此职工团体存储折实的更多。人民银行合作储蓄部11月14日1天，共收进折实存款124.4万余个单位，15日1天收进274万余个单位。[②]

至1949年12月，上海各企业机关职工的年终双薪或年终奖金及考勤奖金等陆续发放，职工同样希望存储折实单位。人民银行上海分行合作储蓄部应各工会要求，加强保障职工生活，对活期折实储蓄存款对象的规定又进行了修订，原以职工教员月薪及学生伙食费为限，后经补充修正，凡职工年终奖金，时节双薪，以及年功加薪等属于职工个人所得者，经职工会证明，均可按照该行活期折实储

① 《折实限制再度放宽》，《银行周报》第34卷第1期，1950年1月2日，第54页。

② 《折储存户踊跃》，《银行周报》第33卷第48期，1949年11月28日，第25页。

蓄章程存储。[①]该部还规定定期折实储蓄1个月以上，可以不限定整月，到期由存户依据自己需要自由选定。譬如存1个月零几天、2个月零几天，都可以。其利率凡满1个月以上不足2个月的，照1个月的定期利率计算；满2个月以上不足3个月的，照2个月的定期利率计算。对于存户非常便利实惠。[②]

不久，人民银行上海分行为加强保障职工生活，再度放宽活期折储的尺度，又做下列补充规定：凡由职工月薪内扣缴的工会会费及职工伙食费，均可按照该行活期折实储蓄办法存储；供给制人员的津贴、日用品费、卫生费、保育费等亦可造具名册列明金额，经服务机关证明后，在银行存入活期折实储蓄。[③]

12月，人民银行上海分行合作储蓄部为进一步配合上海各界人民购买折实公债运动，还将活期折实储蓄业务范围扩大，自1949年12月30日起，无论团体公私营厂商或个人，只要是准备认购公债的款项，不限对象，均

---

① 《折实限制再度放宽》，《银行周报》第34卷第1期，1950年1月2日，第54页。

② 《职工年奖及双薪　可存储折实单位》，《大公报》（上海版）1949年12月21日，第4版。

③ 《人民银行补充规定　保障职工生活　放宽折储尺度　月薪内扣缴的工会会费及伙食费　供给制同志津贴日用品费卫生费保育费等　均可办理存储》，《大公报》（上海版）1949年12月24日，第5版；《经济一周》，《大公报》（上海版）1949年12月25日，第5版。

可存储活期折实存款，一俟公债计算办法确定，即行代为转购。该项存款由该行本部及其所属全市130余家服务处同时举办，存储地点亦无限制，听凭存户自行就近选定。①

折实储蓄规定的不断修订，便利了民众存储，使“人人可存，因此存款的人特别多”②。“人民银行此举，不但达到了奖励储蓄，加强生产基金和保障职工生活水准的目的，并借此收缩了大量通货，对稳定市场亦起着巨大作用。”③

随着折实储蓄在全国的推广，各地也根据实际情况，对折实储蓄的实施规则进行了不断修订。总的来说，各地修订的根本目的在于推动折实储蓄发展，便利民众存取。

人民银行南京分行于1949年6月20日举办折实储蓄。同年9月26日，该行增订9项折储补充办法规定，牌价以前5日4种生活必需品平均价计算及每一职工活期存储数额不得超过80个单位等。因上项规定的限制，折储单位余额日渐减少。④至11月初，该行又修正了折实储蓄存款办法规

① 《配合人民购买公债　活期折储范围扩大　存储购债款项不限对象并可代为转购》，《大公报》（上海版）1949年12月30日，第5版。

② 《经济一周》，《大公报》（上海版）1949年11月20日，第5版。

③ 《折储存户踊跃》，《银行周报》第33卷48号，1949年11月28日，第25页。

④ 《中国人民银行南京分行九至十一月折实储蓄结存单位变动图》，《南京金融周报》1949年第1卷第4—5期，1949年12月14日，第1页说明。

定，凡有组织的职工教员学生以其每月薪金所得（或伙食金）来行存储时，其存储额在100个单位以下者，均可存活期储蓄（每月发薪2次者，每次不得超过50个单位，余类推），超过100个单位者，可存储半个月或1个月定期储蓄，但定活期储蓄合计不得超过1个月薪金所得。其每月收入不满100个单位者，不得存储100个单位；定期储蓄分半个月、1个月、3个月3种，利率均较前提高，计半个月月息3厘，一个月月息5厘，3个月月息1分；半个月定期对象与活期同，1个月（以100个单位为限）、3个月（存额不限制）定期不限对象；活期储蓄存折或存证有遗失，可按规定挂失办法，办理挂失手续。[①]11月下旬以后，由于物价上涨，该行再度改订折储办法，牌价仍按当日《新华日报》所载前1日4种生活必需品价格总和的方法计算，取消活期存储额的限制等，放宽了折储的尺度，存储单位因而逐渐增加。[②]

1949年12月，人民银行南京分行为简化折实储蓄存款手续，又修订了3种改进办法：（1）集体存储开立总户。以每一机构作一单位，向银行开立一总户。开户时，可用公函代替申请书，只要造具该机构存款人名册一份，载明

① 《中国人民银行南京分行折实储蓄存款修正办法》，《南京金融周报》1949年第1卷第1期，1949年11月16日，第13页。

② 《中国人民银行南京分行九至十一月折实储蓄结存单位变动图》，《南京金融周报》1949年第1卷第4—5期，1949年12月14日，第1页说明。

存储种类及每人存储单位。至于各机构内部，仍各自分户记账。（2）集体存储分组开户。各机构如认为自己的范围过大，职工的人数过多，开一个户头不方便时，可分成各个小组，分组开户，亦用公函代替申请书，并附分组存储名册，其他办法同第1项。（3）集体存储个别开户。各机构如因工作太忙，或办事人员不够，不能采用前述两种办法，可在发薪之先，由会计部门登记，每名职工存储份数，造具清册，由各人盖章证明。发薪领款时，预将应储款额扣下，开支票，派人携带代替申请书的公函，连同存储名册去该行交经办员个别开给存证，如存储人数过多，存证一时不能开齐，可由该行先给一临时收据，约期再去换取存证。①

人民银行南京分行为适应群众要求，自1950年3月15日起，将半月定期折实储蓄存款的对象限制取消，改为不限对象、不限数目均可存储（政府机关及公营企业公款暂不收储）。同时，为照顾群众团体利益，特增办一星期的定期折实储蓄存款，除职工、教职员、学生仍可存储外，凡属有组织的团体、各级工会、同业工会、慈善教育文化机关等，所有各项款项（如会费、各项基金）均不限数

① 《汉市创办短期折实储蓄　开展两万存户运动　南京改进折实储蓄手续》，《人民日报》1949年12月24日，第2版。

额，可随时开户存储，并规定以上两种存款均不计息。[①]

人民银行浙江分行自1949年6月开始在各市县开办折实储蓄。6月20日，人民银行杭州市分行与中国银行杭州市分行同时开办活期储蓄与整存整付两种折实储蓄。8月1日起，增办存本付息、整存零付、零存整付等折实储蓄业务。其存储对象、存取期限的规定与总行颁发的储蓄存款章程规定相同。同年11月，人民银行浙江分行公布了折实存款暂行章程的补充规定。凡有组织的职工、教员以其每月薪金所得存款时，其存储额在100个单位以下者，均可存活期折实储蓄存款。100个单位以上300个单位以下者，其超过（100个单位）部分，只准存半个月以上之定期折实储蓄存款。300个单位以上者，其超过（300个单位）部分，只准存1个月以上的定期折实储蓄存款。定期折储分半个月、1个月、2个月、3个月、4个月以上5种，除半个月定期折实储蓄只限于有组织之职工、教员及学生外，其他4种不限制对象及储存额，其利率为半个月月息3厘、1个月月息5厘、2个月月息7厘、3个月月息1分、4个月以上面议。零存整付、整存零付、存本付息3种定期折实储蓄，均以3个月为起点，利率为3个月月息8厘、4个月以上面议。活期折实储蓄不计息。凡定期折实储蓄存款未到

① 《合作储蓄部取消半月折储对象存额限制、举办星期折储》，《南京金融周报》1950年第1卷第17期，1950年3月22日，第4页。

期前均不得提取，但存户如有婚丧疾病或其他紧急需用，得于事前取得相当证明文件，经银行认可后，以存单或存折作质押贷款，其贷额以该存单或存折余额的七折为最高额。凡定期折实储蓄到期不来提取，亦未声明转期，一律按到期日牌价折成人民币转入普通货币存款，照章起息。①

人民银行青岛分行为了"适应各方需要，照顾职工等存户利益，开展折储业务起见"②，于1949年11月修订了定期折实储蓄存款章程。该章程提出，定期折实储蓄不限对象；整存整取存入数不得低于5个单位，多者不限。期限1个月、2个月以上递增至1年，共分12种；利率规定1个月者3厘6毫，每增加1月利率增加9毫，1年者1分3厘5毫；存本付息其存入数不得低于100个单位。限期最少3个月以上，递增至2年共20种。利率规定3个月者4厘5毫，每增加2月利率增加9毫，一年者1分2厘6毫；零存整取，每次存入最低为2个单位，多者不限。存入时可随有随存，次数不限。提取期限最短为3个月以上递增至1年共10种。利率规定3个月者4厘5毫，每增加1月利率增加9毫，1年者1分2厘6毫。整存零取其存入数不得低于20个单位，多者不

---

① 《浙江省金融志》编纂委员会：《浙江省金融志》，浙江人民出版社2000年版，第162—163页。

② 《中国人民银行青岛分行重行修订定期折实储蓄存款章程公告（公字第二号）（1949年11月27日）》，青岛市档案馆：《青岛解放档案史料汇编》，第312页。

限。每次提取最多不得超过现存余额的半数。最少3个月以上递增至1年共10种，提取期限最短须隔半个月1次（即两次提取中间相隔之时间不得少于半个月），以上不限。利率规定3个月者4厘5毫，每增加1月利率增加9毫，1年者1分2厘6毫。①

同年12月，人民银行青岛分行又将折储章程中关于活期的部分再做一次较完善的修订。活期折实储蓄的目的是“使职工薪金不受物价上涨影响及便利存取”。该项储蓄以国营企业及公私合营企业、机关、学校的所有职工（私营工厂职工取得工会证明者亦可）每月应领薪金为限；此项储蓄之存入，不得低于1个单位，每月存入数最高不得超过其本人1个月之工资；暂不计息；开户时必须持有本机关、团体之介绍函件，经该行认可后，方能开户，如银行直接驻厂办理者，不受此限；期限不限，可随时存取；该项存款的存折，不得转让出卖，如发现有此情况，一经查出，该行即停止其存款往来，在物价上涨时，该行按原存货币付给本金不计利息。②

人民银行汉口分行为进一步服务社会，保障工薪收入

① 《中国人民银行青岛分行重行修订定期折实储蓄存款章程公告（公字第二号）（1949年11月27日）》，青岛市档案馆：《青岛解放档案史料汇编》，第312—314页。

② 《中国人民银行青岛分行修订活期折实储蓄存款章程公告（公字第五号）（1949年12月13日）》，青岛市档案馆：《青岛解放档案史料汇编》，第323—325页。

者的生活及更多吸收社会游资、配合政府平稳物价措施，根据实际情况并采纳各方面意见，于1949年12月修改折实储蓄章程及创办工薪短期存款。将活期折实储蓄办法取消，将定期折实储蓄期限酌予缩短，以便利一般工薪收入者存款，并将标准实物单位的实物内容及计算方法与中原临时人民政府工资委员会逐日公布的工薪实物分数从实际上统一起来。[①]

开办折实储蓄较晚的地区，在首次颁布本地折实储蓄存款章程时就已参考了之前各地的实施情况，进行了适合于本地的调整，如厦门1949年11月20日开办折实储蓄，其折实储蓄方法与之前开办地区折实储蓄方法保持一致，但取消了对存款对象的限制。[②]1950年2月8日，“为照顾职工、教员、学生、侨眷及市民存取方便”，该行在之前折实储蓄存款章程的基础上，又颁布了《折实储蓄存款增补活期及短期整存零付办法》。在增补办法中，将折实储蓄对象分为两类：活期折实储蓄存款以有组织的职工、教员、学生及侨汇转存者为限；短期整存零付储蓄存款，凡职工、教员、学生侨眷及市民均可存储。活期存款：各职

① 《汉市创办短期折实储蓄　开展两万存户运动　南京改进折实储蓄手续》，《人民日报》1949年12月24日，第2版。

② 《厦门人民银行折实储蓄存款章程1949年11月20日》，厦门市工商业联合会筹委会：《工商手册　二辑》，厦门市工商业联合会筹委会1950年版，第101—102页。

工、教员、学生存款时，须经过各组织（工会、学生会等）的正式介绍，职工、教员于发薪工之日起3天内一次存入，学生可随时储存，职工、教员最多以每人每月的薪工为限，学生最多以30个单位为限，侨汇转存者，存额不加限制，均由该行发给存折凭证，提取时应于存入第3日起开始支付。短期整存零付折实储蓄存款：各职工、教员、学生、侨汇及市民，存款时须将本金一次存入，由该行发给存单，以后凭单分取本金期满结息，存额以6个固定实物单位起码，200个固定实物单位为限，但存入单位为6的倍数以便支取。存取期限分为1个月、2个月、3个月3种，听由存户选择，一经明确不得变更。活期折实储蓄暂不计息；短期整存零付折实储蓄存款利率，1个月者月息1厘，2个月者月息2厘，3个月者月息3厘。①

对于本地侨汇较多的情况，厦门也专门规定，侨眷收到侨汇原币存单后，可直接向中国银行（无中国银行的地方为中国人民银行或其委托机构）按当日牌价兑取人民币，或移作原币存款及折实储蓄存款。凡以侨汇移作折实储蓄存款者，可享受职工折实储蓄存款待遇。②侨眷

① 《厦门人民银行折实储蓄存款增补活期及短期整存零付办法——1950年2月8日中国人民银行厦门分行颁布实施》，厦门市工商业联合会筹委会：《工商手册　二辑》，第104—105页。

② 《中国人民银行福建省分行：优待侨汇及为侨胞服务办法19501007》，中国社会科学院，中央档案馆：《中华人民共和国经济档案资料选编·1949—1952·金融卷》，第820—821页。

接到侨汇，不便作原币存款时，可按当日折实单位牌价，改为折实储蓄，当地中国银行按职工活期折实储蓄办法办理。①

广州1949年12月22日开办定期折实储蓄，折实储蓄方法为整存整付、零存整付、整存零付、存本付息4种，取消了对存款对象的限制，且每一种储存方法的存取时间、期限、利息、提前支取等规定得比别地更加详细，如整存整付存入款以5个标准实物单位为起码，多者不限。期限自1个月起至1年为止，以月为单位，任存户选择。利息：按月息计算，1个月2厘，2个月2厘5，3个月3厘，4个月3厘5，5个月4厘，6个月5厘，7个月5厘5，8个月6厘，9个月7厘，10个月7厘5，11个月8厘，1年8厘5。此项存款未到期前不得提取，如有婚丧疾病或因公调职离开该市等情况，经该行认可的特殊原因，取得凭证者，得填“提前支取申请书”，经核准后，按下列规定提前支取：（1）所存不满1个月者，按原存货币付给，不计利息，如物价下落，仍按折实无利付给。（2）存满1个月以上者，折实付给，利息以实存月数照第3项利率五折计算。（3）存满3个月以上者，利息以实存月数照第3项利率六折计算。

① 《中行总处侨汇科：如何服务侨胞侨眷便利侨汇19501211》，中国社会科学院，中央档案馆：《中华人民共和国经济档案资料选编·1949—1952·金融卷》，第823—824页。

（4）存满6个月以上者，利息以实存月数照第3项利率七折计算。（5）存满9个月以上者，利息以实存月数照第3项利率八折计算。（6）过期提取：此项存款过期不来提取，亦未声明转期者，10日以内提取时，本息仍以原到期日牌价折算，超过的日期不予计息，过期10日以上仍不提取时，该行即按该户原存期限及种类续转一期。其他零存整付、整存零付、存本付息的存取期限也都为自6个月起至1年为止，以月为单位，任存户自择，利息亦是按月具体计算，并制定了提前支取的具体规则。[①]

折实储蓄全国性的统一调整

1950年，战争即将结束，国家逐步转入建设，进行生产恢复。要更多地发挥扶持生产的积极作用，就必须进一步深入巩固人民币信用，实行现金管理。[②]为此，人民银行调整金融规定，计划在全行统一的方针计划下，普遍举办以折实为主兼办货币的储蓄业务，广泛吸收各方面的定

① 《广州折实存款办理顺利　市民存款情形益见踊跃　人民银行公布存款暂行章程》，《大公报》（香港版）1949年12月24日，第2版。

② 《中国人民银行1950年主要方针与计划19500206》，中华人民共和国国家经济贸易委员会：《中国工业五十年　第一部　国民经济恢复时期的工业：新民主主义社会的工业·1949.10—1952·下卷》，第1250页。

期闲散待用资金，适当统一各地折实单位内容。[①]1950年2月21日，人民银行总行召开全国金融会议，确定1950年金融工作方针。会议商定，1950年银行的主要任务是在稳定金融的总方针下，实行现金管理，大量吸收存款，控制游资，以稳定金融，扶植生产[②]。为了大量吸收存款，集中现金，全国金融会议情况总结报告提出，除集中国家的现金外，应扩大折实存款。1个月以上的定期折实存款，不限对象，不限金额。对机关、公营企业、合作社，办理10天以上的定期折实存款，并对公私企业及机关有组织的职工办理6天以上（各行、处可根据不同情况规定7天亦可）的特种折实存款。灵活调整利率，利率的规定以适应物价争取存款为主，接近市场利率，并引导市场利率逐渐下降，利率范围由总行统一掌握[③]。

在上述国家政策方针的指导下，1950年3月18日，为"大力吸收存款，回笼货币，稳定物价"，人民银行制定了《折实存款统一章程》，明确提出，折实储蓄的宗旨

① 《中国人民银行1950年主要方针与计划19500206》，中华人民共和国国家经济贸易委员会：《中国工业五十年　第一部　国民经济恢复时期的工业：新民主主义社会的工业·1949.10—1952·下卷》，第1251页。

② 周罗庚、田波：《共和国经济大决策　大事纪》，中国经济出版社1999年版，第7页。

③ 《中财委：全国金融会议情况总结报告1950年4月2日》，中国社会科学院，中央档案馆：《中华人民共和国经济档案资料选编·1949—1952·金融卷》，第282—283页。

是“奖励节约储蓄及广泛吸收游资，发展生产，并保障存款者之购买力”，进一步完善折实储蓄业务。《折实存款统一章程》规定，折实单位由各地人民银行依照当地情况，选择适当物品合成，以前一天物价逐日计算牌价，在当地报纸公布。与1949年4月20日、6月14日的折实储蓄章程相比，此次《折实存款统一章程》取消了对存款对象的限制，储户随时可向各地银行申请开户。普通定期折实存款仍分整存整付、零存整付、整存零付、存本付息4种，但不限定对象，期限则一律缩短。如整存整付存入数以5个折实单位起码，多者不限，期限自1个月至1年，1个月月息2厘，每加1个月增1厘，最高不得超过1分。零存整付以1个折实单位起码，多者不限，但最后半个月内，每次存入的单位数，不得超过以往各次存入平均数，期限3个月起至1年，利率为3个月月息2厘，每加1个月增1厘，最高不得超过1分。整存零付以20个折实单位起码，多者不限；支取期分半个月1次、1个月1次、2个月1次，由存户自择，一经选定，不得变更；到期不来提取者，超过之日，不计利息；期限3个月起至1年，利率3个月月息2厘，每加1月增1厘，最高不得超过1分。存本付息以50个折实单位起码，由银行发给存折，每月凭折支息；到期不来支取者，其利息不再计复利；取息时仍以原付息日牌价折算；期满支取本金；期限3个月起至1年，利率3个月月息3

厘，每加1月增1厘，最高不得超过1分。提前支取办法亦重加修正。团体存户因组织解散或撤销，个人定期1个月以上的存户遇调职、疾病及水火意外灾害等特殊情形，具备证明文件，申请提前支取时，经银行认可，可按下列规定办理：储存不满10天者，按原存货币付给，如物价下落，按折实付给，均不计利息；存满10天以上者，折实付给，利息按实存月数规定利率八折付给；存本息之多付利息，应于本金内扣回。

除前述4种普通折实存款外，还增办机关、公营企业、合作社定期折实存款与特种折实存款。特种折实储蓄以有组织的厂矿职工、机关公务员及学校教职员、学生为限，由服务机关或工会等组织证明，经人民银行认可后，集体开户储存。限每次发薪日起3日内一次存入，过期不得续存。自存入日起3—7日后（由当地行规定）可凭存折及印鉴随时提取。每人每次存入金额，职工不得超过本人每次实领薪金数，学生不得超过每月应缴伙食费。利率未做具体规定。机关、公营企业及合作社定期折实存款，必须由机关、公营企业及合作社以蓄有正式关防钤记的公函，向人民银行申请，经审核认可后即可开户。存入数额以100个标准实物单位起码，多者不限；期限为10天起至1年。利率不满1个月不计利息，满1个月及11个月以上者仍按原规定。[①]

各地根据《折实存款统一章程》的指导，修改了本地折实存款章程，主要体现在不限对象及缩短期限上，其目的是广泛吸收存款[②]。如人民银行北京分行为提倡节约，奖励储蓄，将原有普通定期折实存款章则重新修订。普通定期折实存款仍分整存整付、零存整付、整存零付、存本付息4种，但期限则一律缩短，整存整付自1个月至1年，其他3种自3个月至1年；利率改由2厘至1分，提前支取办法亦重加修正。特种折实储蓄存满3日后即可凭存折随时提取，利率为月息1厘，半年结算1次，未经存满1个月即清户者不计息。机关、公营企业及合作社定期折实存款利率1个月月息2厘，每加1个月增1厘，9个月以上统按1分计算，不满1个月不计息。[③]

人民银行上海分行也根据总行折实存款统一办法，于1950年4月18日公布有关折实存款的新章则。为了照顾职工福利，自1950年5月26日起又举办了“团体互助折实储

---

① 《中国人民银行总行：折实存款统一章程19500318》，中国社会科学院，中央档案馆：《中华人民共和国经济档案资料选编·1949—1952·金融卷》，第290—293页。

② 《人民银行郑州市行：开展存款的经验〔节录〕1950》，中国社会科学院，中央档案馆：《中华人民共和国经济档案资料选编·1949—1952·金融卷》，第303—304页。

③ 《人民银行北京分行　增办特种折实储蓄》，《人民日报》1950年4月29日，第4版；《京人民银行增办特种折实储蓄　机关定期存款普通折实存款章则修订》，《光明日报》1950年4月29日，第4版。

蓄存款”，除参加团员遇到非常事故急需经济上可获得帮助解决外，存款本身亦有保本保值双重保障：支取时折实牌价低于存入日者，照存入日牌价付给；高于存入日者，照支取日牌价付给。凡公教工商机构或普通社团的职工，均可组织互助储蓄团，在该行开立互助储蓄。每一互助储蓄团员，依照本团公议，每月由薪资内提出1个或1个以上之折实单位作为互助储蓄存款。互助储蓄团开户时，由银行发给团体互助折实储蓄存款凭证，以凭存取。互助储蓄团须将本团代表人印鉴交该行存验，并将团员名册送存本行一份备查。互助储蓄存款每月一次或分次存入，每次均按存入之当日折实牌价计收存款，银行即按照当日折实牌价折合折实单位记入该团账户。互助储蓄团因故不能按期将款送存，以及团员存储折实单位遇有增减时须预先通知该行。互助储蓄团存款利息，照折实存款章程整存零付办法计算。①

各地根据《折实存款统一章程》的指导，修改了本地折实存款章程，但一些银行干部有物价上涨了希望实物保本、下跌了希望货币保本的两头保本思想，忽略了只要能实物保本就可以继续扶植再生产的功能。根据这种情况，在修改章程后，各地组织银行业务干部学习，使大家明确

① 《人民银行分行　照顾职工福利　开办团体互助折实储蓄存款》，《文汇报》1950年5月27日，第4版。

认识折实存款不限对象的基本精神[①]。

折实储蓄以粮布等日用必需品为计算本位，完全依据市价的涨落定出指数，以为储蓄收付的标准[②]。折实储蓄存款折实计算办法在物价波动中照顾了存户的利益，但国家银行要受损失，所以，在试办初期，“许多干部思想搞不通，认为这是赔本业务”[③]，其实，这种思想根本上是对折实储蓄的“基本精神认识不够”[④]。

折实储蓄要做到“公私两利”，在开办时，人民银行在期限及对象上要进行限制，主要是因为当时物价波动，为避免被投机商人所利用，防止他们无限制地存入，造成银行的大量贴补。[⑤]如为了便于资金运用于生产，便必须有较长的时间，因此银行最开始规定，不限对象的定期折实储蓄最短存期要满3个月，“如果存期过短，运用发生困难，那时银行给存户以保本的利益就成为片面的贴补，

---

① 《人民银行郑州市行：开展存款的经验〔节录〕1950》，中国社会科学院，中央档案馆：《中华人民共和国经济档案资料选编·1949—1952·金融卷》，第304页。

② 章乃器：《由过去的“银灾”说到蒋匪帮的“恢复银本位制”》，《人民日报》1949年7月21日，第4版。

③ 《人民银行郑州市行：开展存款的经验〔节录〕1950》，中国社会科学院，中央档案馆：《中华人民共和国经济档案资料选编·1949—1952·金融卷》，第303—305页。

④ 程人杰：《谈谈折实储蓄存款》，《人民日报》1949年6月2日，第4版。

⑤ 中国人民银行总行私人业务管理局：《新中国的人民储蓄》，第22页。

而失去公私两利的意义了”[①]。为了防止投机，银行还规定，折实储蓄的存单不得转让出卖[②]，存款证不得作价购进其他货物[③]，折实存款必须向原来储存的处所提存[④]，每次发薪时一次存入[⑤]，存入时间限于发薪以后3天之内，等等[⑥]。

在举办折实储蓄初期，中国人民银行对储蓄对象也进行一定的限制，规定活期及定期1个月以下的折实储蓄只限于职工、教师等公职人员，3个月以下的定期折实储蓄只限于职工、教师等公职人员，3个月以上的定期折实储蓄则不限对象。折实储蓄如放宽对象，全部改为活期，则会增加投机资本的回旋余地，银行无法做适当的运用，反而增加发行[⑦]。另外，折实储蓄在开办初期主要是在城市推行。城市储蓄工作主要是贯彻“以职工为主、兼顾其他阶层”的方针，这是因为在解放初期，职工收入是城市储

---

① 章成：《折实储蓄不是片面贴补　整存整付期限不能缩短》，《人民日报》1949年9月21日，第4版。

② 青岛市档案馆：《青岛解放档案史料汇编》，第323—325页。

③ 《折实存款证不得买卖》，《银行周报》1949年（第33卷）第31期，1949年8月1日，第24页。

④ 《折实储蓄存款须向原存行提取》，《银行周报》1949年（第33卷）第30期，1949年7月25日，第16页。

⑤ 《防止不正常的折实存储　中国银行规定限于各厂发薪后三天内存入，过期不收》，《大公报》（上海版）1949年7月9日，第3版。

⑥ 《折实存款存期限制》，《新语》1949年第14卷第14期，第13页。

⑦ 《中国人民银行总行工作报告1949》，中国社会科学院，中央档案馆：《中华人民共和国经济档案资料选编·1949—1952·金融卷》，第282页。

蓄的主要来源。从北京市的实际情况看，根据1952年调查，全市城市就业人口总数为69万人，机关、团体、国营企业职工的储蓄力占73.64%。[①]折实储蓄对机关、团体的职工进行优惠，就是抓住了有储蓄力的大部分民众。

① 《北京的人民金融事业》编写组：《北京的人民金融事业》，第119—120页。

四、折实储蓄在民众生活中的运用

民众对折实储蓄的信任与支持

民众对折实储蓄是否信任，归根结底要根据民众是否予以支持，肯不肯踊跃存款而定。普通民众对待折实储蓄的态度如何？可以拿折实储蓄和解放前的游资运用来比较一下。在国民党统治之下，物价的剧烈波动打击全国人民的生活，存货币（或金圆券）有逐日贬值的必然损失，从事正当工商业又遭受政府多种无理法规的限制和豪门资本竞争的压迫，稍有余款的老百姓保值的办法只有囤货和炒买投机二途。但囤货并不能产生额外的收入，货不能生货，货价涨了也不过是币值跌落的反映而已。另一方面，一买一卖必须付佣金，囤货要栈租，货物会霉坏，又有火灾盗窃的危险，这些都是实在的损失。币制不稳定的话，一般保值性的囤货，与其说是赚钱生意，毋宁说是赔钱生意。至于炒买投机，完全是赌博，有赢也有输。在国民党统治下，普通老百姓把游资用于囤货或炒买投机，实是为了保存家财不得已之举；这些办法都不能保证一定获利，却要担负损失的危险。如果有一种较安全的投资途径，老百姓必然不会染指囤货或炒买投机。

“折实储蓄便是这样一条可以保存游资原值而附有一定利息的投资大道。”折实储蓄的计算单位不是货币票额，而是以各地日常生活三五种必需品的总币值计算，存入多少单位的存额，提取时可以买回多少单位的实物，利息也是以实物单位计算。这种储蓄存款较囤货，节省了佣金、栈租、保险等的消耗，却另外可得利息；较炒买投机，节省了佣金的必需消耗，没有失败的风险，却有必得的利息。故，有时评认为，折实储蓄存款“有百利而无一弊”。对于握有游资的老百姓，折实储蓄既有利息而无风险，谁不愿意把余款放进银行去折实储蓄生息孳利呢？折实储蓄获得手有余资的老百姓的拥护是必然的。

折实储蓄特意照顾到工人、职员、教员、学生等工薪人员。工薪阶级每月所获薪金都是仅够维持生活所需，并无多少剩余。在国民党统治时期，他们的薪金定额往往不足维持最低限度的生活，领到薪金后，短短几天，币值就可能跌落一半，所得薪金的购买力也随之减少一半。他们维持购买力的唯一方法便是向黑市兑换银元或美元，在购买日用品时再逐渐兑回国币；这样在来回兑换率的差额上损失不少，另外还要负担黑市汇率波动的损失。他们的薪金除了不够所需之外，其实际购买力更是不稳定。解放后，各地银行为工薪阶级而设的折实储蓄保证了他们一个月所获薪金的购买力不致减低。这必然获得全体工薪阶级一致拥护。①

折实储蓄得到了储户的认同和信任，折实单位很快就在民众生活中的多个方面得到了应用，这又极大地推动了折实储蓄的发展。②折实单位除了作为人民币存储的标准外，广泛运用到了民众生活的多个领域。折实储蓄开办不久，折实单位即被用作计算工资薪金的标准，以代替解放初期以米等计算工薪的标准。"折实放（贷）款"也从开办折实储蓄较早的天津、北京等地逐渐推广至全国。折实单位还用作计算学费、房租、税收、保险和公债等多个方面的标准。"'折实'已经成了解放区的一种重要金融制度，虽然办法各地因地制宜，而原则是一致的。"③

① 《论上海的折实储蓄》，《大公报》（香港版）1949年8月2日，第5版。

② 《物价稳定人民生活上升　储蓄事业迅速发展　目前已有储户五百余万户，储款总额较去年初增加九倍》，《人民日报》1951年3月28日，第2版。

③ 周有光：《折实制度与指数制度——折实制度研究之一》，《经济周报》1949年（第9卷）第7期，1949年8月18日，第21页。

作为薪酬的计算标准

解放初期，上海、北京等地为避免物价波动对民众造成影响，采取以米（小米）价等实物折合人民币发放薪资的方法。但在解放初期物价不稳的情况下，单一以米价折合发放工资，出现一些问题。华东局在《关于用折实储蓄单位计算工资的通知（1949年7月）》中指出：“在我军解放京沪杭及江南各城市后，我们为了集中力量打击银元，曾短期采用以米折发工资是必要的。但目前米价陡涨，如果继续以米折发工资，则公私各工厂均无法应付。”[①]所以，折实储蓄开办后，一些地方开始逐渐以折实单位计算薪酬。

折实储蓄开办初期，银行为了推广，便利民众，不仅加强宣传，简化手续，增设机构，也主动扩大服务业务，其中以折实单位代工商企业、机关团体等单位发放薪资，减少了发薪单位的麻烦，也便利了职工折实储蓄。[②]如人民银行阳泉办事处在试办阶段就在各公营企业试办代发工资，解决各单位发资困难，密切与职工的

① 《上海解放前后工资问题史料》下，《档案与史学》2003年第4期。

② 《物价稳定人民生活上升　储蓄事业迅速发展　目前已有储户五百余万户，储款总额较去年初增加九倍》，《人民日报》1951年3月28日，第2版。

关系。[①]

上海在解放后，各工厂希望人民银行“允许工厂储存与各该厂工资相等的折实存款，使能解决发放工资的困难”[②]。所以，上海开办折实储蓄不久，折实单位即被用作计算工资薪金的标准，以代替解放初期以米计算工薪的标准。为照顾职工长远利益，上海军管会决定国营企业机关职工工资以折实储蓄单位为标准。其办法即先行规定合理底薪，然后按发薪前一日中国银行折实储蓄牌价折付人民币。“此一新办法较过去以单一实物计算更为合理，而职工在折实储蓄存付时更感便利。”[③]

人民银行举办的折实储蓄，“得广大群众拥护”。上海军管会轻工业处决定，自1949年7月起，纺建公司职工工资标准，一律以中国银行折实储蓄单位计算，工人每月底薪定为2.2个，职员每月底薪定为1.8个，均按发放工资前一日中国银行公布的折实单位价格计算。发薪标准中“2.2”“1.8”数字的产生，是参照原来发薪标准而定。如工人过去是以每元合米4升8合4，以中等米的折价

① 《阳泉办理折实储蓄帮助职工建立家务》，《人民日报》1949年5月11日，第2版。

② 《改造上海经济畸形发展　私营厂商响应号召赞同部份工厂内迁　内地原料丰富，购买力逐渐提高，适宜新中国工业的发展》，《光明日报》1949年8月7日，第4版。

③ 《上海重订发薪办法　以折实储蓄单位为标准　国营企业机关首先实施　东北大豆二千余吨运沪》，《大公报》（香港版）1949年7月10日，第1版。

计，等于人民币1391.90元，现在改为每月合2.2个单位，根据7月初4项必需品结算出来的折实储蓄存款每个单位为606元计算，等于人民币1333.20元。职员过去是以每元合米4升，以同样的米价折成人民币是1150元，现在改为每月合1.8个单位，折成人民币是1090.80元。当时，中国银行派驻纺建各厂办理折储小组已先后开业，综合考虑，轻工业处决定照这一更合理的新办法发薪。纺建公司工资标准改变后，全市各民营纺织厂亦随之改以折实储蓄单位为计薪标准。①

纺建公司的职工薪给办法，改以折实储蓄单位计算，工人底薪每月合2.2个单位，职员每月合1.8个单位。“这个办法的改进，是非常合理的。”因为以米价折合薪给，固然不失为一个好方法，但以一种米价来计算薪给，只是单纯地保障了一个“米”的价值，其他有关吃的油，烧的煤球，用的布，都没有得到保障，何况米价涨跌，其他油、布、煤球未必会随之涨跌。米价单独上涨时，可能会觉得连带地保障了吃用的支付代价，然而在米价单独下降，或上涨率比油、布、煤来得慢的时候，薪给以米计算，就会觉得太吃亏。同时米有季节性，在青黄不接时，

① 《改按折实单位计算　纺建公司职工工资　工人每元底薪为二.二单位　职员一.八单位　照发薪前一天中国银行的挂牌计算　不以米价做标准　因为米价易受季节性波动　缺乏稳定性》，《大公报》（上海版）1949年7月9日，第3版。

不免涨得较多，在新米上市时，就会跌落下来。油、布、煤球的季节性及其供求状况，又和米不同。把不同性质的物品，混合起来计算，才能够调和，才能够有一个合理的劳动保障。

从米价涨得比其他三项必需品较多的情形看来，似乎拿折实储蓄存款单位计薪是稍微吃亏了些，但回头来看到6月13日米价较为稳定的时期，便觉得拿米计算薪给，又是太吃亏了。6月13日南北两市场中等白粳米的平均价是每石12000元，工人每元以米4升8合4计，折成人民币580.80元，职员以米4升计，折成人民币480元，但如果拿13日（14日公布）的折实储蓄每个单位302元计算，工人是2.2个单位，应得人民币664.40元，职员是1.8个单位，应得人民币543.6元，这期间很明显的是拿折实存款储蓄单位计薪便宜。如果在新米上市或米价较油、布、煤球平稳时，用折实储蓄单位计薪，还会比以米计薪便宜。

“人民政府举办折实储蓄存款，是这样具体而完整的保障了劳动者的劳动收入，是全心全力地照顾着人民的利益，这和过去国民党反动派在上海公布的所谓‘生活指数’，本质上及计算方法完全不同，折实储蓄存款的计算方法，是百分之百的忠实地根据了米、油、布、煤球4个公开市场的最后价格，折成了小单位，加起来的答数。”

总之，“折实储蓄存款单位计薪，是比较合理的，因它是完整地，平均地，保障了劳动收入”，“薪给跟着折实单位走，不仅是完整地，广泛地保障了劳动收入，而且也使折实存款和发薪打成一片，这个办法是最妥当可靠的”①。

自上海轻工业处对纺建公司的工资标准改以折实储蓄单位计算后，因办法合理，上海市各同业公会亦改用新办法发放1949年7月工资。②机器染织业于7月起废止以米计薪办法，实行单位计算。③棉纺业同业公会各会员工厂，均按照纺建办法计发，上海市机器染织业公会各会员工厂，最高工资为每月底薪2.2个单位，最低为1.7个单位。制药业加紧开会讨论，决定亦照新标准发放薪资，按每月底薪合2.2个折实单位，系依照6月份每元4升8合4的米价合折实单位再将30天的折实单位平均算出即为每月底薪2.2个折实单位。④其他如油墨业，亦拟对新办法做事实的响应。民营棉纺织业也决定从1949年7月下半月起照纺建公司例改以折实储蓄单位作工资标准，公会方面与各厂工

① 《论折实单位计薪的真确性》，《大公报》（上海版）1949年7月11日，第6版；桑雪岭：《折实单位计薪的真确性》，《大公报》（香港版）1949年9月5日，第5版。

② 《各行业纷起效法　按折实单位计薪》，《工商法规》1949年第36期，1949年7月16日，第756页。

③ 《以折实单位计薪　各业纷纷响应　机器染织、制药等业决采新标准》，《大公报》（上海版）1949年7月14日，第3版。

④ 《各行业纷起效法　按折实单位计薪》，《文汇报》1949年7月12日，第2版。

会代表初步接洽，闻工人们亦“乐于接受”。①

上海市各公营重工业生产单位，在军管会重工业处领导下，也决定废止以米计算工资的方法，而改采折实单位计薪制。1949年7月14日上午，重工业处召集各该接管公营工厂代表，详细商谈了实行这一新薪工资的技术问题，各厂薪工标准虽不一致，但大致与轻工业处各厂所定的标准相差不远，对于过去过高或过低的底薪数目，并予合理的调整，“各厂职工对这一个新办法都表示满意”。上海市电工器材工业公会1949年7月15日举行理监事会议，亦对于发给工资计算标准问题进行研讨，认为公营事业以折实储蓄存款为计算工资标准，在新政府未有正式办法公布之前，较之以米计算工资“更为适宜而合理”，“希望同业参照采行俾得顾全劳资双方增加生产”。②

上海市政府明令上海市府各单位的薪饷工资自1949年8月起调整。此次调整，系以1948年8月公教人员待遇作参考（当时南京政府金圆券刚发行，一般公教人员待遇尚属稳定），职员部分，按折实单位计算，虽较1948年9月略低，但较1949年7月平均提高了31%，工人部分则平均较

① 《以折实单位计薪　各业纷纷响应　机器染织、制药等业决采新标准》，《大公报》（上海版）1949年7月14日，第3版。

② 《以折实单位计薪　机关工厂纷纷响应　市府昨天照每元〇.八单位发薪　重工业处开会决定折实计薪办法　电工业公会也盼同业按折实计薪》，《大公报》（上海版）1949年7月16日，第3版。

1948年8月提高了28%，比1949年7月提高了38%，这也说明“政府对于工人阶级生活是特别照顾到了”[①]。市府一般人员对此种薪酬办法“感到满意”，其中大部分人领薪后，都立即照折实单位存入中国银行。[②]1949年8月，上海各厂开始改用折实储蓄单位作为计算工资标准，发放工资困难的情形“已见改善”[③]。

其他地方，如南京的公私企业及机关学校自1949年10月起，也以折实单位计算薪资，各单位在发薪日付给工人的人民币数额折合当日该市的折实单位，按付款日该市单位计价付给。[④]这种以折实单位计算薪资的方法保证了职工的购买力，受到了欢迎。

1949年11月22日，全国总工会在《关于劳资关系暂行处理办法》中规定，“为保障职工实际工资免受物价变动影响起见，须由当地人民政府统一公布以物价指数、

① 《沪市调整待遇　下月起各单位均按折实单位发薪　职员较上月提高百分之三十一　工人提高百分之三十八》，《文汇报》1949年7月28日，第2版。

② 《以折实单位计薪　机关工厂纷纷响应市府昨天照每元〇.八单位发薪　重工业处开会决定折实计薪办法　电工业公会也盼同业按折实计薪》，《大公报》（上海版）1949年7月16日，第3版。

③ 《千家驹在民盟总部报告　沪经济日趋稳定　畸形经济状态已在逐渐改正市民均有克服一切困难信心》，《光明日报》1949年8月21日，第1版。

④ 《南京市委关于前美使馆俱乐部解雇工人争议仲裁书事的请示19491205》，中央档案馆，中共中央文献研究室：《中共中央文件选集　1949年10月—1966年5月　1949年10月—12月》第1册，人民出版社2013年版，第189页。

或以数种实物价格为计算工资的标准”[①]。各单位也认为，“改用折实单位，较为合情合理，因折实单位中所包括之实物种类，有农产品、工业品及矿产品等，而均为日用必需品，较单纯一种农产品之米为合理”，积极响应以折实单位发放工资。如上海天厨公司采用折实单位给上海的员工发放薪资后，特意致电渝厂（重庆分厂）遵照全国总工会的决议，改用折实单位发放薪资。该公司在上海每元薪资折发2.2个单位，建议重庆的发放标准可参照当地的生活程度及其他工业界的一般待遇。[②]

折实储蓄在各大城市办理一年后，已赢得广大人民的信任。如在上海，任何一个人都可以根据今天4种物资的市价，算出明天的折实牌价，所以普通民众认为，工资以折实单位为标准，“施行得十分妥帖，从未如国民党反动统治时代所发表的生活指数一样，叫人感觉到完全是欺骗的”。[③]

---

① 《中华全国总工会关于劳资关系暂行处理办法　1949年11月22日》，中共中央文献研究室：《建国以来重要文献选编》第1册，中央文献出版社2011年版，第36页。

② 《天厨公司为职工薪资改用折实单位计算致重庆工厂函1950年3月3日》，上海市档案馆：《天厨味精厂卷——吴蕴初企业史料》，档案出版社1992年版，第346页。

③ 孙晓村：《为什么要发行人民胜利折实公债》，《人民日报》1949年12月29日，第5版。

以折实单位发放贷款

华北全境解放后，发展生产成为压倒一切的中心任务，银行的工作方针进行了适时的转变，从之前扶持分散的小生产，发展小农业、手工业，达到分区自给的方针，转变为大力恢复工业生产。在城市中，银行的主要任务变为帮助工业的恢复，扶持出口贸易，与促进城乡工农产品的交流。为了加速工业生产的恢复，就要办理工贷。工贷的指导方针，首先和主要的是满足国营工业的需要，同时对有益国民生计的私营工业亦应给以一定帮助。在发展生产公私兼顾、公私两利的原则下，帮助其解决资金短缺的困难。

天津、北平（北京）等开办折实储蓄较早的地方开始实行“折实放款”等方式扶助工业的发展，事实证明，这是符合“扶持生产、公私两利原则”的较好办法。①在农村中，1949年也延续1948年的折实贷款形式，凡贷出之款全部实行折实，但折实的标准，可根据贷款者经营的性质，折不同的实物。②

---

① 南汉宸：《扶持生产是银行工作的中心任务》，《人民日报》1949年7月22日，第1版。

② 《华北人民政府关于一九四九年农业放款计划的指示19490209》，中国社会科学院，中央档案馆：《中华人民共和国经济档案资料选编·1949—1952·金融卷》，第600页。

“折实放款是与折实储蓄存款相配合的一项业务。”[①]折实贷款主要是运用银行的折实储蓄存款，协助厂商购买原料、添置设备、整理包装、发放工资，或运输所需营运资金为目的，借款及还款时，按照该日各银行折实储蓄存款单位牌价，折合人民币收付。[②]折实放款每份合人民币的数额完全根据折实储蓄存款的数额。[③]

“折实放款”天津实行在先。[④]1949年3月1日开始举办实物折实储蓄存款，至5月底止，天津人民银行合作部折实贷款共计发放农业贷款3600万元，手工业贷款4100万元，盐业贷款2400万元，3项合计逾1亿元。根据该部调查，受益农民达8329人（家属未计在内），受益耕地面积共47823亩。手工业生产贷款方面，受益户共342家，包括纺织、缝纫、出口制造、窑业、铁工、皮革和化学工业等15种，此项贷款，不仅解决了手工业生产的资金困难，而且配合各区干部，把分散的手工业生产逐步组织起来，成

① 《人民银行试办折实放款》，《银行周报》1949年（第33卷）第30期，1949年7月25日，第16—17页。

② 《中国银行制订五种贷款办法19490903》，中国社会科学院，中央档案馆：《中华人民共和国经济档案资料选编·1949—1952·金融卷》，第761页。

③ 《人民银行试办折实放款》，《银行周报》1949年（第33卷）第30期，1949年7月25日，第16—17页。

④ 周有光：《折实制度与指数制度——折实制度研究之一》，《经济周报》1949年第9卷第7期，1949年8月18日，第21页。

为合作生产。①

平、津两地交通银行被接管后，于1949年3月15日同时开业，在当地中国人民银行领导下，专门办理对工矿、交通、邮电等事业的存放款等业务。在贷款业务上，采用了多种方式方法来开展。如天津交通银行自1949年4月初至5月12日贷出款项总额中，纺织业占33.29%，化学业占23.1%，面粉业占14.6%，造纸业占13.2%，火柴业占8.46%，铁业占3.96%，油业占1.67%。在贷款方式上，据天津交通银行4月1日至5月12日统计，全部贷款中折实占31.57%。②

人民银行北平分行为扶植平市工业生产，也举办了折实定货贷款，并订了折实定货贷款试行办法。办法规定，各分行营业部、各办事处及交通银行、中国银行均可担任此项贷款工作。各公、私工厂企业，如机器及生产工具制造厂、染织厂、化学原料厂、矿产及制造出口物品特种手工业等，凡因扩充业务、增添设备、购买原料需周转资金者，均可申请贷款。贷款种类分普通折实贷款、定货折实贷款、定实折实贷款。③普通折实贷款是贷出与偿还均

---

① 《天津人民银行举办折实贷款近讯》，《银行周报》1949年（第33卷）第24—25期，1949年6月20日，第66页；《津人民银行合作部 发放生产贷款逾亿 帮助农盐手工三业》，《人民日报》1949年6月9日，第2版。

② 《交通银行的存放业务》，《人民日报》1949年8月11日，第4版。

③ 后两种折实贷款与普通折实贷款办法有异，但基本原则是一致的，即借款方收付款是根据一种或几种实物的时价折合成人民币来计算的。宇：《平交通银行扶植工矿业 举办定货折实业务》，《人民日报》1949年6月2日，第2版。

按折实储蓄的标准实物单位的牌价计算，折成现款。贷款期限由1个月至6个月，期定6个月者，则以按月分偿为原则。[①]北平市交通银行于1949年6月13日对私营企业办理了第一笔折实贷款。贷款户是大众染织厂，款额人民币300万元，借还均以人民银行北平分行储蓄部标准实物单位计算，期限4个月，月息7厘，用途系添购织布机6台，以应扩大生产之需。[②]

天津私营商业银行共26家，为遵照政府提倡节约增加生产的号召，组成联合银团，办理折实存贷，第一银团由上海、中南、建业、国华、金城等14行组成，于1949年10月成立，资金7万个折实储蓄单位；第二银团由盐业、大陆、聚兴诚等12行组成，于11月呈准军管会金融处正式成立，基金共6万个折实单位，贷款对象以日用必需品生产工厂为主，期限1月，利息月息1分至1分5厘间，逐笔议定。[③]除贷款外，还吸收存款，存款与贷款均按天津人民银行折实储蓄牌价计算。[④]银团存放款均按当

---

① 《人民银行扶植工商　折实定货贷款北平公布办法》，《文汇报》1949年6月22日，第2版。

② 宇：《平市交通银行开始折实贷款》，《人民日报》1949年6月15日，第2版。

③ 《津第二联合放款银团成立　基金六万折实单位以日用必需品生产工厂为对象　月息一至一分五厘》，《大公报》（上海版）1949年11月5日，第5版；杨方勋：《私营银钱业的道路》，《人民日报》1950年4月4日，第2版。

④ 杨方勋：《私营银钱业的道路》，《人民日报》1950年4月4日，第2版。

日人民银行折实牌价收付，放款以日用必需品生产工厂为对象，第一银团第1个贷户为耀华玻璃公司，计8.5万个单位。[①]第二银团至1949年12月贷出3.3万个单位，分别贷给中兴造纸厂、开成化学公司、光明植物油厂、渤海纸厂。[②]

人民银行上海分行为解决该市公用事业资金周转的困难，使业务顺利推进，1949年7月13日起开始对该行业试办折实贷款。折实贷款按折实储蓄单位价格，作为计算借贷和偿付的标准。较早获得该项贷款的有：上海电话公司，贷予10万个单位，按7月13日折实单位牌价每份622元计算，合人民币6220万元；华商电气公司，贷予89000个单位，合人民币5535.8万元；上南（上梅至南汇）交通公司，贷予5000个单位，合人民币311万元；中国电气公司，贷予65000个单位，合人民币4043万元。这4家公司合计贷款259000个单位，合人民币共计16109.8万元。4家公司所得的贷款期限1个月，利息9厘。此次折实贷款，在上海是首次试办，贷款对象专限于公用事业。贷款程序为先由公用事业机构向公用事业处书面申请，经该处审查通过后，交由人民银行核准办理。上述4家公司的贷款用途，

---

① 《天津私营银行组成联合银团　以折实方式办理存放》，《大公报》（上海版）1949年9月23日，第6版。

② 《引导游资投入生产　津私营行庄组织银团　试办折实存放款业务》，《人民日报》1949年12月19日，第3版。

都是为了发放工资。[①]上海折实贷款最初在于帮助一般公用事业解决特殊困难，并不普遍实行。[②]

人民银行上海分行1949年7月13日试办折实贷款获得好评后，继续对公用事业举办折实贷款，7月15日又批准发出4笔，共贷额为175554个单位，按当日折实单价每份691元计算，共贷出人民币12130.78万元。[③]8月初，人民币信用有所巩固，物价稳定。人民银行上海分行考虑到在之前物价波动明显时，折实放款的利率特采低利原则，为慎重折实放款，从8月15日起，将利率略予调整，计公营事业月息为1分2厘，公用事业为1分5厘，民营事业为2分。[④]

上海其他银行，如中国银行为扶助出口，促进内外交流，也开展了包括折实贷款的各种贷款业务。中国银行该项折实贷款“以运用本行折实储蓄存款，协助厂商购买原料，添置设备，整理包装，发放工资，或运输所需营运资金为目的”。属于该行业务范围的公私营企业机关或厂商

① 《人民银行昨天开始　试办折实贷款　对象是公用事业　四家公司首次核准获得贷款　合计贷款二十五万九千单位》，《文汇报》1949年7月14日，第5版；《人民银行试办折实放款》，《银行周报》1949年（第33卷）第30期，1949年7月25日，第16—17页。

② 《帮助公用事业解决资金困难　人民银行上海分行　试办折实贷款　按照折储牌价　作为借贷和偿付标准　定期一个月　月息九厘　普遍贷放暂不实行》，《大公报》（上海版）1949年7月14日，第5版。

③ 《公用事业折实贷款　昨天继续贷出四笔》，《文汇报》1949年7月16日，第5版。

④ 《币信巩固·物价稳定　折实放款利率略提高》，《文汇报》1949年8月16日，第5版。

对象皆可申请。借款及还款时，按照该日中国银行各储蓄部挂牌折实储蓄存款单位牌价折合人民币收付。[①]

在津、沪银团的影响下，苏州、杭州、无锡、太原等城市亦纷纷组织私营银团或联合放款处，开展折实贷款业务，但各地具体实施措施稍有不同。[②]如人民银行太原分行为帮助太原市私人工商业复工复业，恢复与发展生产，发放折实贷款，每个实物单位为中等小米1斤、红粮粉1斤、晋鼎布1尺，计算时以银行当日实物牌价为准。贷款利息上采取低利政策，1个月以内不计利息，1个月以上月息3—5厘，复工期间则一律以月息3厘计算。[③]

人民银行湖南省分行1949年9月1日起举办折实储蓄存款，同时，依据折实储蓄与人民银行长沙市分行、交通银行等单位开办工业等贷款。[④]汉口交通银行1949年7月应汉口胜新面粉公司购麦要求，根据人民银行汉口分行牌价折实贷给实物单位3万个，期限1个月，利率按每单位

---

① 《促进内外交流　发展农工生产　中行扶助出口开办五种贷款　根据目前封锁条件　协助贸易公司完成收购计划　扶助私营出口商经由天津转出口》，《大公报》（上海版）1949年9月3日，第5版；《中国银行制订五种贷款办法19490903》，中国社会科学院，中央档案馆：《中华人民共和国经济档案资料选编·1949—1952·金融卷》，第761页；《沪中国银行扶助出口　开办五种贷款的办法》，《大公报》（香港版）1949年10月18日，第5版。

② 杨方勋：《私营银钱业的道路》，《人民日报》1950年4月4日，第2版。

③ 《人民银行太原分行　折实贷款扶助工业　试办成品抵押放款》，《人民日报》1949年6月14日，第2版。

④ 《简讯·长开办折实储蓄》，《人民日报》1949年9月16日，第4版。

月2分计算，但贷款要求该公司觅保及押存其制成品绿万年青牌面粉3500袋提单一纸，还要其保证全部贷金用以购麦。[①]

在银行的所有贷款中，折实贷款占有相当比重。如人民银行汉口分行暨所属各行处放款统计中，1949年8月上旬，定期折实放款占全部贷款的35.1%，在各种贷款类别中仅次于定期信用贷款（55.8%）。[②]

各地银行通过折实贷款对生产事业及国营、私营贸易机构进行扶植，仅上海交通银行1949年11月就贷出折实单位27万份，对于“资金的周转以及生产的进行，是必然有过帮助的”[③]。北平解放半年后，“公营企业的生产比之于国民党统治时期是有着显著进步的”“私人工业的生产大部恢复并且有一些行业已超过了解放前，得到相当发展”。其中，银行在公私两利与扶植生产、防止投机的原则下实行的定货、折实等贷款办法对公私营企业的恢复有“很大的帮助”，解决了一些厂家在原料与继续再生产中的困难。对于手工业的扶植，合作银行到1949年7月底

① 《交行举办折实贷款》，《金融旬报》1949年第1期，1949年7月10日，第8页。

② 《汉口分行暨所属各行处放款统计表》，《金融旬报》1949年第5期，1949年8月20日，第13页。

③ 《解放后的上海工业》，中华人民共和国国家经济贸易委员会：《中国工业五十年　第一部　国民经济恢复时期的工业：新民主主义社会的工业·1949.10—1952·下卷》，第1759页。

共贷予986户，贷出35992008元，这些贷款部分地解决了一些小工厂作坊复业问题和一些工人的失业问题。[①]天津解放后，有利于国计民生的工商业逐步恢复和发展，这是天津“进一步贯彻执行公私兼顾劳资两利发展生产繁荣经济的总方针之后的显著变化”。从1949年4月23日至5月底，即有490家申请营业登记。天津工商业迅速发展的主要原因之一，就是银行以折实贷款等方式进行扶助。[②]

折实储蓄实施后，成效明显。从前老百姓用来囤货和炒买投机的游资流归银行，减少了游资对物价的影响，减少了投机活动，可以收到稳定物价、安定金融的效果。银行收到这些存款，用于生产事业，最主要的是工贷和农贷，可以增加工农业生产，既增加了市场上的物资，又稳定了物价，能够达到折实储蓄“加强生产基金，保障生活水准”的宗旨。因为这些存款是专放贷于实际生产事业的，所以折合实物计算银行方面不会因物价波动而遭受损失。至于向银行借款的生产事业，因为这款项是为生产而借贷的，借了款便用来购置机器、原料、厂所、工具等，物价上，也不会影响它们的偿还能力。折实储蓄办法保障了工人、职员、教员等工薪阶层的安定生活，使他们不必

① 叶剑英：《北平市半年来接管与施政工作》，《人民日报》1949年8月17日，第1版。

② 《进一步贯彻劳资两利方针　津私营工业逐步发展》，《人民日报》1949年7月4日，第2版。

担忧生活而能专心致志于各自的工作，其结果无疑是增加他们的工作效率，提高他们的生产能力，这也同样地增加社会生产量而达到了稳定物价之目的。[①]

日常生活多方面对折实单位运用

折实储蓄开办后，“折实单位”成为民众日常生活必不可少的货币替代形式，得到民众的信赖，并逐渐用作计算房租、学费、捐献、税收、保险等多个方面的标准单位。

各地解放后，人民银行各地分行为使在校学生缴学费不受物价波动影响，开办了代收学费转存折实储蓄的业务，北平从1949年7月13日开始，一周内就有“很多学校委托代收”[②]。增添代收各学校学费转存折实储蓄业务也成为北平分行7月份储蓄额增加的一个因素。[③]各学校规定，在收学费时也可以折实单位计算。如辅仁大学1949年9月秋季入学，学生学杂费缴60个折实单位，宿费20个折实单位。[④]国立南京大学1949年秋季新生10月10日前

---

① 《论上海的折实储蓄》，《大公报》（香港版）1949年8月2日，第5版。

② 《平市点滴》，《光明日报》1949年7月20日，第4版。

③ 宇：《上月折实储蓄　吸收单位倍增》，《人民日报》1949年8月12日，第5版。

④ 《三中成立中苏友协支会 劳中举办工人子弟夜校》，《光明日报》1949年9月11日，第4版。

缴费，计分学费、补助费、设备费等3项共为43个折实单位。[①]上海四明公所在1950年对学生的临时救济也是捐助200个折实单位。[②]

群众对折实单位的信任还体现在各种捐献活动中。1949年7月，上海开展了拥军劳军热潮。[③]在上海市各界劳军总会的领导下，支援解放军南下作战解放全中国的劳军热潮在"八一"前后达到顶点。工人们捐献工资、折实单位和实物等慰劳军队。[④]上海民众发出慰劳军队号召后，海关警队400名职工首先响应，他们大部都是底薪25元的低级职工，发薪日每人领到60多个折实单位。职工们领到薪资后，立即拥到劳军小组，捐出折实单位，并展开捐献竞争，不到一个钟头，400名职工便捐了1500多个单位，合人民币130多万元。[⑤]永安印染厂职工职员联谊会发起号召会员捐款慰劳运动，一天之内共捐出1147个单位。[⑥]

---

① 《南京大学本届新生　定二十七日开始报到　学费共四十三个折实单位》，《文汇报》1949年9月9日，第3版。

② 黄浙苏：《会馆与地域文化　2013中国会馆保护与发展（宁波）论坛论文集》，文物出版社2014年版，第288页。

③ 《如火如荼争先恐后　上海卷入劳军热潮》，《光明日报》1949年7月27日，第1版。

④ 《上海人民响应号召　彻底执行六大任务　请看各方所获初步成绩》，《大公报》（香港版）1949年8月15日，第1版。

⑤ 《火一般的热情在燃烧　全市掀起劳军潮》，《文汇报》1949年7月20日，第1版。

⑥ 《各界热烈献金劳军　同济工人、永安印染厂、海员工会、造漆业等职工纷纷捐献》，《大公报》（上海版）1949年7月19日，第2版。

7月22日，纺建总公司及第一、第二两门市举行劳军竞赛，职员林穆捐献每月20个折实单位，直至全国解放那天为止，第二门市部全体职工共捐献300余个单位。[①]上海国际电台、石油公司、招商局等响应劳军运动，并相互竞献挑战，捐献中，折实单位占比较多，如招商局栈埠部64人，捐献折实存款255个单位，毛巾4条，牙膏10支；货运部76人，捐献折实存款152个单位，人民币28000元，毛巾92条，牙膏15支；综核部59人，捐献折实存款118个单位，毛巾10条，牙刷10支；人事部47人，捐献折实存款175个单位，毛巾12条；产业部捐献折实存款105个单位，人民币13000元；秘书室捐献折实存款215个单位，人民币29700元，肥皂3条，毛巾6条。[②]

根据7月27日上海市各界劳军总会在召开的总会和分会第二次联席会议上的宣布，该会在一周内收到的劳军献金中很大一部分为折实单位，如中纺总公司收到7700多个折实单位，一厂在4个小时内就收到了600个折实单位，[③]普通民众积极参加劳军献金，市民濮镇襄个人捐献100个

① 《职工界劳军如火如荼　纺建职工捐献三千余折实单位　王庚白慷慨捐助结婚戒指一对》，《文汇报》1949年7月23日，第2版。

② 《劳军运动新发展　热烈展开竞献挑战　国家电台两女职员捐出她心爱的金戒指　石油公司职工认捐不断创造新纪录　招商局各部份竞献折实单位》，《文汇报》1949年7月27日，第2版。

③ 《沪职工献金劳军越献越多越热烈》，《光明日报》1949年7月30日，第1版。

折实单位，打破全机关的纪录。上海邮局职工献金更是高达1万个折实单位，邮工范汉黎个人捐献100个单位。[①]8月2日，仅铁路、银行、煤气、肥皂、五金、绸缎、毛绒、搪瓷各业一部分职工就献出人民币2180多万元，折实储蓄3000多个单位和大批的毛巾、牙刷等。[②]劳军总会为便利各界捐献折实单位，与中国银行商议同意，凡是各分会及各界捐得的折实单位可直接送外滩中国银行信托部，由该行统一保管，暂时不兑换人民币。[③]

解放初期的其他捐献活动中，折实单位也是主要的捐款形式，如华北人民政府发出节约救灾的号召后，出版委员会全体职工热烈响应，一刻钟内，献金的数目就达116个折实单位，合人民币约9万元。[④]1949年8月，为积极响应上级救灾的号召，苏南党政当局发起“捐献一天菜金”的号召，人民银行苏州支行储蓄部职工献出折实储蓄单位34个，工人们捐出了人民币1900元。[⑤]上海总工会筹募文

① 《上海热烈劳军展开竞赛挑战　挑战书上说着：“你们看吧，我们的捐献战果！”》，《光明日报》1949年8月2日，第1版。

② 《上海人民响应号召　彻底执行六大任务　请看各方所获初步成绩》，《大公报》（香港版）1949年8月15日，第1版。

③ 《便利捐献折实单位　劳总委托中国银行保管　各界捐献时可迳送该行》，《大公报》（上海版）1949年8月4日，第2版。

④ 日京：《出版委员会　推行长期献金计划》，《光明日报》1949年9月25日，第5版。

⑤ 《与灾民共甘苦　苏州区掀起捐献热潮　党政军民均纷纷响应》，《大公报》（上海版）1949年8月5日，第7版。

娱基金委员会开展募集文娱基金，至1950年1月10日止告一段落，总计募得款项人民币4亿多元（其中陆续存入人民银行的有9万个折实单位），折实单位31774个，银元37元，美元3元。[①]上海卫生局清洁总队为响应劝募寒衣运动，1950年10月18日筹备成立劝募寒衣支会，劝募办法以缴纳代金为主，并提出一个折实单位捐募号召。[②]

为配合新中国初期的经济建设，“保障职工的安全和鼓励加紧生产，同时为奠定劳动保险基础起见”，中国人民保险公司华东区公司调查了上海市公共交通公司、中纺公司、人民印制厂、商务印书馆、美商电力及英商电车公司、法商水电等20家单位职工死亡率和残废、生育、医药的统计，以及其他福利设施等情况，经过4个多月的筹划，开设了“折实单位团体人身保险”。全体职工满20人以上的公私企业机构或团体，不分性别，均可投保，被保险人的体格可以免验。保险金额初以最低1000个折实单位最高5000个折实单位为原则，保险费按月缴付。保险内容包括死亡（寿险）、伤害、残废（意外险），并可加保兵险，生育津贴、疾病津贴，凡被保险人或配偶生育或直系亲属死亡，并可有各项贷金办法。保障的范围很广，而保

① 《总工会文娱基金筹募已告一段落　捐款总数达四亿余元，折实单位三万余个及大批图书家俱》，《文汇报》1950年1月14日，第3版。

② 《劝募寒衣委员会昨日常会　讨论广泛推动各界劝募　清洁总队号召一个折实单位捐款运动》，《文汇报》1950年10月20日，第3版。

额则以折实单位为计算标准，职工发生偶然或意外不幸事故时能得到确切的保障。[①]

折实单位团体人身保险的主要特点是保险金额是以折实单位为计算标准，使每一被保险人的保障决不因物价的波动遭受任何损失。人身保险（寿险、意外险）按月收取1.5‰，计算标准如某团体全体职工25人，于1949年12月1日向保险公司要保每人4000份折实单位共保10万份折实单位保险金额，其应缴保险费总数额为：要保单位总额（10万）乘费率（1.5‰）乘当天折实牌价（2726）等于应缴保险费总额（人民币408900元）。[②]

中国人民保险公司华东区公司举办折实单位团体人身保险经报纸刊出消息后，引起了各大公司、机关、企业、团体注意，不到10日内，向保险公司电话接洽或函索章程的达百余个单位。各工会为使职工福利得到进一步的保障，均将此项保险章程印发全体职工在学习小组中展开讨论。中国人民保险公司为尽量征询各方意见，印制大量折实单位团体人身保险说明，分送各大公私机关、团体、企

---

① 《人民保险公司将举办折实单位团体人身保险》，《文汇报》1949年11月27日，第4版；《保障职工生活　中国人民保险公司筹办折实单位团体人身保险》，《大公报》（上海版）1949年11月27日，第4版。

② 《人民保险公司区公司为举办折实团体人身保险　尽量征询各方意见》，《文汇报》1949年12月7日，第4版；《折实单位团体人身保险　章程已拟定即开始承保　人民保险公司继续征询各方意见》，《大公报》（上海版）1949年12月7日，第4版。

业、商号参考研究。[①]

中国人民保险公司华东区公司开办的折实单位团体人身保险，各方颇为注意，认为是“对劳动人民家庭，实保最好之生活保障”。该公司根据具体情况，并归纳各界意见，决定将原定基本险（寿险及意外险）费率自1.5‰减到1.2‰，所赔偿金额从最多以保险金额20%提高到50%。经过修正，对“企业机构减轻了负担，对劳动人民的保障增加不少”。修改办法自1950年2月起，先在上海正式试办。[②]

中国人民保险公司华东区公司自开业以来，基于各界的需要，陆续举办了火险、运输险、运输兵险、职工意外险、折实单位团体人身保险，并曾几次减低保险费率，获得各界热烈欢迎，所以业务拓展非常迅速。但鉴于解放战争过程中，币值尚未达到完全安定阶段，普通民众希望举办一般的折实保险。该公司为适应民众的需要，“不惜负‘保险’与‘保值’的双重责任”，决定自1950年4月5日起，对于各种保险，均可以折实单位为计算标准承保。具体如下：火灾保险金额、运输保险附保兵险保额，以投保地当日折实储蓄单位牌价为计算标准。所在地或投保地

---

① 《人民保险公司区公司为举办折实团体人身保险　尽量征询各方意见》，《文汇报》1949年12月7日，第4版。

② 《折实单位团体人身保险　基本保费减低·戊项赔额提高》，《文汇报》1950年2月10日，第4版。

如不挂折实牌价者，则照出单机构所在地的折实牌价计算。如出单机构所在地亦无折实牌价，则由出单机构根据最邻近地区上午折实牌价计算。运输险启运后如发生损失时，在任何区域理赔，估出损失均须按照投保地当日折实储蓄单位牌价为标准。[①]

中国人民保险公司“为保障被保人及受益人之利益，使保险金额不致受物价波动之影响”，在全国范围内也举办了折实单位人寿保险，以折实单位为收付计算标准。该公司为“保障船员航行时意外伤害损失”，还举办了专门的折实单位船员团体保险。[②]以折实单位计算承保标准，可“使人民祖国的财产更稳定更确实地获得保障”，对于发展生产、繁荣经济的新经济政策，亦有“很大的贡献”[③]。

因为折实储蓄受到民众欢迎，信用度高，折实单位也被用作计算公有房屋租金的标准。1949年8月17日，上海市军事管制委员会颁布《公共房屋租赁暂行办法》规定，

① 《人民保险公司　担负保险、保值双重责任　举办各种折实保险》，《文汇报》1950年4月5日，第4版。

② 《折实单位人寿保险办法（1950年9月26日）、折实单位船员团体保险办法（1950年9月26日）》，北京经济学院经济法教研室：《经济政策、法规汇编（1949年10月—1981年6月）》第10卷，北京经济学院经济法教研室1981年版，第354、359页。

③ 《人民保险公司　担负保险、保值双重责任　举办各种折实保险》，《文汇报》1950年4月5日，第4版。

该委员会接管的公共房屋在承租时，申请者在订立租赁契约时，缴付押租两个月。该项押租由房地产管理处代存折实存款，于收回房屋时照数付还。订定月租基数，也以折实存款单位计算。公共房屋的租金，应按月于每月10日以前，照该月1日至6日折实储蓄单位价以人民币向指定银行缴付（5日以前缴付按1日折实单位，10日以前缴付按6日折实单位），逾期照缴付日的折实存款单位价计算。[①]

至1950年，上海的情况已有新的发展，《公共房屋租赁暂行办法》亦有补充修改的必要。上海市人民政府公共房屋管理处对《公共房屋租赁暂行办法》进行了修改，并经军管会与市府同意，于1950年9月7日公布施行。修正办法将原上海市军事管制委员会接管的公共房屋改为“其他上海市人民政府代管房地产暂行办法规定应行代管之房屋”。原办法规定承租人缴付租金可按每月1日及6日折实牌价计算，以免承租人遭受牌价上涨的损失。在物价已臻稳定时，新办法将缴款方式改为按缴款当日牌价计算。[②]

这种以折实单位计算房租的情况一直持续至1954年。上海市人民政府批准，该市公共房屋租金自1954年1月1日起一律按照每一折实单位折合人民币5450元的固定换算

① 《上海市军事管制委员会公共房屋租赁暂行办法》，《工商参考资料》1949年第8期。

② 《市房管处说明　新的租金计算标准按照折实单位订定　六千满期住户应赶紧办续租手续》，《文汇报》1950年9月7日，第2版。

率折合计算，由上海市房地产公司具体执行。固定换算率5450元与之前半年的最低折实牌价5466元相比较，还要低一些，之后不论折实牌价有无变动，换算率不再变更。①

南京人民银行合作储蓄部为便利客户缴纳房租、房捐、营业税、地价税等款，订定《预存折实储蓄备缴房租税捐办法》。实行以来，各公司商号“开户存储者至为踊跃”，1950年2月，此项专户存款最高额曾达150万个折实单位，使各客户缴款获得很大方便。②后为开征地价税、房捐，为使原定办法更臻完善，便于客户明了，1950年3月17日，该行颁布了新的《预存折实储蓄备缴房租税捐办法》，规定凡向房产管理处租用房屋，或需向税务局、地政局缴纳税款，系以折实单位计算者，不论其为个人、工厂、商号、社团，均可预向该行开立缴纳房租及税款折实存款专户。此项存款原则上不能提取现款，但在缴税以后尚有余额，因正常用途申请动支时，准予申请之日起转存半个月定期折储。③

社会对折实储蓄的信任与认可，还表现在多个方面。在税收方面，如天津市在计算1949年上半年度工商业营利

---

① 《本市公共房屋租金明年起按折实单位固定换算率计算》，《文汇报》1953年12月29日，第3版。

② 《修订预存折实储蓄备缴房租税捐办法》，《南京金融周报》1950年第1卷第17期，1950年3月22日，第5页。

③ 同上。

事业所得税时统计，全市负担税额以折实单位计共1650万个。[①]据统计，1949年全国税收总额中，所收折实单位折合6846397614千元人民币，远远超过所收直接金额1661655014千元人民币。[②]企业资产也按折实单位计算，如由公营新华书店，民营华北区的开明、世界、中华、商务、大东、广益、三联（新中国）新时代、儿童等23家书店、印刷厂组成的华北联合出版社1949年6月底在北平开始工作，其资产核算为50万个折实单位。[③]

别的行业，如工业部，其工矿器材整理委员会，从1949年7月20日起开始整理散置各仓库的工矿器材，至1950年1月14日全部整理完成。据初步估计，全部工矿器材总量约5万吨，总值以折实单位计算达2万万个。[④]企业的应收账款、应收票据及其他债权资产亦可以折实单位计算。[⑤]企业的运营成本，也以折实单位计算，如开滦煤矿统计，1950年9月前平均月产煤23.68万吨，成本很高，每

---

① 《营利所得税　各业负担额公布》，《光明日报》1949年10月11日，第4版。

② 《1949年度全国税收分区比较表》，中国社会科学院，中央档案馆：《中华人民共和国经济档案资料选编·1949—1952·财政卷》，第170—171页。

③ 明：《华北联合出版社大量发行新课本　已出小学课本百六十万册中学课本二十五种印刷中》，《光明日报》1949年8月23日，第4版。

④ 《七个仓库工矿器材整理完成　五万吨物质即投入生产　总值估达两万万个折实单位》，《文汇报》1950年1月22日，第2版。

⑤ 国务院法制办公室：《中华人民共和国法规汇编　1949—1952》第1卷，中国法制出版社2005年版，第246页。

吨合唐山人民银行折实单位52.1个，生产增加后，成本大降，11月份成本降为28.95个唐山折实单位。[①]1949年11月10日天津举办工业展览会，颇受市民欢迎，有人建议就此次参加展览的各种商品编印一册目录，将价目、厂家、地址详细标出，而产品价目应按折实单位标出。[②]

法院审判案子中涉及的赔偿费用也以折实单位为计算标准，如1949年11月，匡琏向上海人民法院控诉邵文楣，要求脱离同居关系，所生女孩归匡琏抚教。法院评议后，判决双方脱离同居婚姻，女孩归匡琏抚养，并由邵某给付2.7万个折实单位作为匡琏的慰藉金和女孩的抚教费。[③]后来，匡琏将邵某给她的慰藉金2万个折实单位捐给冬令救济委员会劝募委员会，充冬令救济经费。[④]

---

① 《中财委关于开滦煤矿问题的报告及刘少奇同志的批示（1950年11月24日）》，中华人民共和国国家经济贸易委员会：《中国工业五十年　第一部　国民经济恢复时期的工业：新民主主义社会的工业·1949.10—1952·上卷》，中国经济出版社2000年版，第456页。

② 《津工展会发起组设专门机构指导城乡物资交流　津工展会考虑延长展览时间》，《光明日报》1949年11月11日，第4版。

③ 1949年2月，17岁的女学生匡琏因迫于环境，与50多岁的大商贾邵文楣（大丰纱号、久丰纱厂及棉织厂、运输行、杂粮行的老板）同居，做了他的第四房姨太太。进门之后，受到百般的封建压迫虐待。1949年11月，匡琏控诉邵文楣于人民法院，要求脱离同居关系。人民法院判决，匡琏脱离同居婚姻，女孩归匡琏抚养，并由邵给付2.7万个折实单位作为匡琏的慰藉金和女孩的抚教费，同时判处邵文楣徒刑一年，缓刑三年。《一个被侮辱与损害的妇女翻身了　匡琏从姨太太走到革命阵营》，《文汇报》1950年1月10日，第4版。

④ 《感念共产党与政府　匡琏捐出慰问金》，《文汇报》1950年1月19日，第2版。

上海市卫生局为清除殡仪馆积柩，配合清除办法，便利柩主将棺柩从殡仪馆内搬运至大场公墓，同普善山庄商议，由该庄代为承运，只收装运费。每具土葬为5个折实单位，火葬为3个折实单位，均照缴费当天牌价计算。[①]海会寺为响应政府节约号召，提倡火葬，于1949年7月间开始和商人合资建一所日本式火葬场。此为上海私营火葬场首例。1950年1月，该场落成，每具尸体全部费用收70个折实单位。[②]民众对折实储蓄的认可，使折实单位在多个行业得到普遍应用。

---

① 《普善山庄代运积柩　市卫生局规定办法　委托代运以柩主自愿为原则，自丙舍殡仪馆运至大场公墓，土葬每具取运费五个折实单位，火葬每具三个折实单位》，《大公报》（上海版）1949年8月28日，第3版。

② 《海会寺火葬场落成　分三窑可同时化尸三具　费用每具七十折实单位》，《文汇报》1950年1月15日，第2版。

五、折实储蓄持续发展阶段

各地折实储蓄存款概况

解放初期，各地银行纷纷举办折实储蓄存款，以吸收游资，“办理以来，成绩斐然”[①]。在银行的努力宣传下，折实储蓄创办不久，“已得到了社会各阶层人士特别是劳动人民之欢迎与赞许，各地机关工厂学校的职工以及广大人民，纷纷节出余资进行储蓄”。在创办初期，北平、天津、石家庄3地，“储存较为发展”。北平自1949年4月1日至4月底，1个月时间收到存款2650万余元，计有存户1635户；天津自3月1日至4月底，2个月内收到存款4716万余元，计有存户4568户；石家庄自3月上旬至4月底收到存款7039万余元，计有存户1781户，以上3地共计存款1.4亿余元，存户7984户。[②]

① 《论稳定市场的斗争》，《大公报》（香港版）1949年6月23日，第6版。
② 程人杰：《谈谈折实储蓄存款》，《人民日报》1949年6月2日，第4版。

据人民银行北平分行统计，在1949年4月全部4种储蓄中，开立整存整付户头者最多，其次是零存整付。[①]经过银行的宣传动员，加上各厂职工会的重视与配合，折实储蓄逐渐获得广大人民的欢迎，7月上旬开户的数字增多，北平分行储蓄部暨第二营业室及各代理处10日内总计开户1783户，较6月下旬1196户有显著增加。[②]从4月1日到7月27日，人民银行北平分行共吸收折实储蓄存款4亿多元，[③]至1949年年底8个月内，共吸收37966存户3550134个折实单位。[④]

人民银行天津分行举办的折实储蓄存款，从1949年3月1日开业至4月7日止，所开储户达1543户，存入标准实物单位共167627个，折合人民币约1500万元。[⑤]1949年5月，吸收存款1068802.5个单位，较3月、4月两个月存入总数增加2倍以上；新增存户4778户，较3月、4月两个月增加1倍以上。新增户中职工最多，占59.7%，公教人员和

---

① 宇：《平市人民银行折实储蓄　上月存户达一千三》，《人民日报》1949年5月3日，第2版。

② 宇：《北平人民分行储蓄部　上旬存户显著增加　零存整付办法改进工人很欢迎》，《人民日报》1949年7月17日，第2版。

③ 《张友渔副市长在北平各界代表会议上　关于北平市半年来财经工作补充报告摘要》，《人民日报》1949年8月16日，第4版。

④ 《北京的人民金融事业》编写组：《北京的人民金融事业》，第121页。

⑤ 《论稳定市场的斗争》，《大公报》（香港版）1949年6月23日，第6版。

学生次之。[①]

人民银行阳泉办事处从1949年3月开始办理实物保本存款。办理两个月后，“在各公营企业和职工中，已初步建立基础”。阳泉20个公营厂矿中，已有300个存款户，计存入20余万㑊。“对于市场经济调剂与平稳物价，起了一定作用。解决了过去一些单位怕领款赔钱而不敢大胆储资的顾虑，而且保证了职工薪资所得，减少发薪后投入市场乱买东西而引起的物价上涨等现象。”[②]

天津、阳泉、北平（北京）、石家庄、邯郸、长治等6个试办城市，到1949年5月底，储蓄存款户达2万户以上，吸储3904万个单位，存户主要是工厂职工。[③]其他长治、邯郸、济南、唐山、阳泉等地银行储蓄部，截止到1949年5月底收到的存款数额较少，但为以后发展储蓄业务打下了有力的基础。[④]

随着全国解放的推进，太原、上海、南京、杭州、武汉、长沙等全国多地先后举办折实储蓄，折实储蓄所起作用大为增加。

人民银行太原分行为了有力扶植工商业的恢复，一开

---

① 《津上月折实储蓄　较前激增二倍》，《人民日报》1949年6月12日，第2版。

② 《阳泉办理折实储蓄帮助职工建立家务》，《人民日报》1949年5月11日，第2版。

③ 中国人民银行总行私人业务管理局：《新中国的人民储蓄》，第22页。

④ 程人杰：《谈谈折实储蓄存款》，《人民日报》1949年6月2日，第4版。

始就注意吸收公私游资，开展折实储蓄业务。自1949年6月1日正式开业以来，储蓄业务活跃，广大市民节出余资进行储蓄。截至10日，折实储蓄已存入1436个标准实物单位，其中职工储蓄占748个、学校教职员588个、其他100个，“奠定了今后发展储蓄业务的基础”[①]。至6月底，该行折实储蓄存款有14261开户，存入折实单位54720个，货币存款110户，存入款800多万元，其存户大部为职员，其次为工人。[②]

上海、南京、杭州等地人民银行与中国银行先后举办折实储蓄后，得到市民的热烈拥护，取得了更加显著的成绩。上海中国银行从1949年6月14日开始举办折实储蓄以后，工人、市民纷纷前往存款储蓄，3天中共计存入8003户15.8万余个单位，合人民币4000万余元。[③]其中3个月以上的定期储蓄占总额的46%。中纺十四厂的72个职员中，就有68人储存，最多的达100个折实单位。该厂职员说：“从前国民党统治时期，工钱发下来立刻要想法买东

① 《人民银行太原分行　折实储蓄活跃　兑入金银增加》，《人民日报》1949年6月23日，第2版。

② 《人民银行太原分行　存放汇兑业务活跃　六月份吸收存款近五亿元》，《人民日报》1949年7月12日，第2版。

③ 《上海折实储蓄　深受市民欢迎　贸总筹备开展城乡物资交流》，《人民日报》1949年6月18日，第2版。

西，又浪费又伤脑筋。现在既省事又节约。”[①]自6月14日开始到7月底一个半月内，上海各银行共开立了33万户，吸存了1260万个单位，经常存款数额保持在30万—40万元之间，有力地配合了政府有关部门打击银元投机，保障了一部分职工的购买力，扩大了政治影响。[②]

截至8月26日，上海中国银行收储总户数累计达42.6万多户，收储累计总数1778万多个单位，余额户数经常在11万户左右，余额单位数经常在五六百万个单位。折实储蓄对于保障职工生活、安定物价人心，尤其在解放初期，配合政府打击银元投机上起了很大的作用，对扶植生产也起到积极作用。上海中国银行根据2个多月来的成绩和缺点，特做出8项补充办法，鼓励定期储蓄，防止活期存储弊端，如规定提取方式、防止冒名转让等，确保成绩与纠正缺点。[③]

上海中国银行1949年6月14日也举办了折实存款，截至16日，收存款15.8万多个单位，合4900多万元。17日存款者更是踊跃，1日内收款9400多万元，超过以往3日的总

---

① 《折实储蓄南京市昨日举办 沪市民热烈拥护》，《光明日报》1949年6月21日，第1版。

② 王志诚：《五十年前的折实储蓄》，《文汇报》1998年9月19日，第8版；中国人民银行总行私人业务管理局：《新中国的人民储蓄》，财政经济出版社1955年版，第22—23页。

③ 《上海两月半 折实储蓄存户达四十二万余》，《人民日报》1949年9月3日，第4版。

和。[①]物价波动时期，储户增加更快。11月中旬，由于物价上涨，人民银行上海分行合作储蓄部仅11月15日就收到折实存款274万个单位，16日情形比15日更加踊跃，外滩合作储蓄部部分存户直至晚上8时左右尚未完全离去，排队等待开户，存储折实单位约有30万份以上（此数不包括各办事处在内）。[②]

人民银行上海分行为了满足民众折实储蓄的需求，不断进行调整，自1949年6月14日施行以后，8月30日公布补充办法8项，11月10日公布补充规定3项，后人民银行上海分行合作储蓄部又将期限缩短为1个月以上，不限数额，人人可存。不断改进储蓄办法，因此存款的人特别多。据统计：1949年11月14日1天内存入124.4万余个单位，15日一天存入274万余个单位。因为11月物价波动，牌价步升，一般职工和市民为了保值，多取出短期存款，改存折实储蓄的，“这对于涌向市场的购买力，实具釜底抽薪的作用”[③]。

人民银行上海分行为吸收游资，积极推行折实储蓄，1949年11月，折储存款由300多万份，增加1200万

① 《折实存款　上海人民银行举办　日来存款者极踊跃》，《大公报》（香港版）1949年6月18日，第1版。

② 《折实存款　昨更踊跃　合作储蓄部收三十万单位》，《文汇报》1949年11月17日，第4版。

③ 《经济一周》，《大公报》（上海版）1949年11月20日，第5版。

份。[①]1949年11月23日至26日4天中，上海的人民银行共收储244.8万余个单位（办事处未在内），按当时物价计算，可买中白粳59000石或二十一支双马纱2340件；1950年2月24日至28日，5天内收储778.5万余个单位，折中白粳达188700石或二十一支双马纱6982件。“在当时收缩通货，减杀物价涨势上是起了一定作用的。”[②]

南京人民银行以及委托的中国银行和农民银行等3处，自1949年6月20日举办折实储蓄，存入单位日有增加，21日1天内，共存入15000余个单位。杭州市人民银行亦于20日举办折实储蓄，首先与杭市发电厂、邮局等洽商集体储蓄。[③]据1949年12月底统计，浙江全省折实储蓄共吸收73.8万多个折实单位，其中活期占80.6%、定期占19.4%。[④]

人民银行济南分行自开办折实储蓄以后，业务日益扩展，至1949年9月10日左右已有存户5641户，计存12.1万余个单位。为便于存取，人民银行济南分行又在第一、第二办事处各增设储蓄分理处1处，这两个储蓄分处已

---

① 《经济一周》，《大公报》（上海版）1949年11月27日，第5版。

② 王静然：《人民储蓄事业的成长》，《人民日报》1950年10月7日，第5版。

③ 《京沪杭举办折实储蓄》，《人民日报》1949年6月25日，第1版。

④ 《浙江省金融志》编纂委员会：《浙江省金融志》，浙江人民出版社2000年版，第163页。

先后于8月中旬及下旬正式开始营业。[①]南昌市面“自解放后日趋活跃”，江西省分行为吸收游资，发展生产事业，于1949年8月2日举办折实储蓄，很受当地各机关、工厂、学校和企业的拥护，截至11日，已存入8300余个单位，折合人民币约7000万元。[②]中国人民银行广州分行自1949年12月22日开办折实储蓄存款以后，市民前往存款的很多，至26日止，5天内共存入8802个单位。[③]广州折实储蓄存户日见增加，12月30日达到最高峰，一日内存入数达到11287个单位，统计自22日至29日，共存入2万多个单位。[④]

到1949年年底，全国折实存款总额约占同期货币发行量的3.36%。这个数字相当于小米13338万斤或棉布739万匹（同期天津价格计算）。[⑤]据中财委（“中国人民革命军事委员会中央财政经济委员会”）1949年中国经济简报统计，在存款方面，1949年一年显著增加，在全国金融

① 《人民银行汉口分行举办金银折实存兑　济南折实储蓄业务扩展》，《人民日报》1949年9月12日，第4版。

② 《吸收零星游资发展生产　江西分行举办折实储蓄》，《金融旬报》1949年第5期，第3页。

③ 《穗市折实存款　市民踊跃储存》，《大公报》（上海版）1949年12月29日，第2版。

④ 《广州折实存款　已逾两万单位》，《大公报》（上海版）1949年12月30日，第1版。

⑤ 《人民币的统一和占领全国市场》，《新中国若干物价专题史料》编写组：《新中国若干物价专题史料》，第66页。

业的存款总额中，国家银行所占的比例最大。而国家银行存款中，比重最大的是公款，以中国人民银行华北7个分行为例，一年中公款经常占75%—90%，私人存款仅占6.9%—15%，合作存款所占不超过2%。但在争取私人存款方面也在不断加强，主要是以折实储蓄办法吸收市场游资。①

在银行的存款项目中，折实储蓄存款占有较大比重，从人民银行汉口分行1949年8月存款统计表可看出，以余额计算，折实储蓄存款占全部存款的21.83%，就定期存款来说，折实储蓄占绝对多数，超99.5%。②折实储蓄“保障职工，照顾市民，回笼通货，收缩信用，稳定物价，促进生产，一举而众善皆备，善莫大焉”③。

物价稳定，折实储蓄减少

1950年2月，政务院召开全国财政会议。3月3日，中

---

① 《中财委：一九四九年中国经济简报1949》，中国社会科学院，中央档案馆：《中华人民共和国经济档案资料选编·1949—1952·金融卷》，第209页。

② 《汉口分行暨所属分行处存款科目统计表》，中国人民银行华中区行编印：《金融旬报》1949年第5期，1949年8月20日，第13页；《汉口分行暨所属各行处存款统计表》，中国人民银行华中区行编印：《金融旬报》1949年第7期，1949年8月30日，第11页；《汉口分行暨所属各行处存款统计表》，中国人民银行华中区行编印：《金融旬报》1949年第8期，1949年9月10日，第11页。

③ 《经济一周》，《大公报》（上海版）1949年11月20日，第5版。

央人民政府政务院下发《关于统一国家财政经济工作的决定》，[①]开始统一国家财政经济工作。通过统一全国财政收支，整顿增加收入，节省开支；统一全国国营贸易工作，建立贸易金库与现金管理制度，以及国营贸易公司大量出售货物，回笼货币等措施，全国物价的发展趋势发生了根本变化——由过去长时期的上涨、波动，而转为下落、稳定。如以全国六大城市[②]8种[③]主要物资的价格计算，其指数（加权平均）为（以1949年12月31日为基数等于100）1950年1月底154.3，2月底212.6，3月1日238.86，3月29日189.67，4月25日168.8，5月15日172.2。从上述物价指数中可以看出，全国物价1950年1月、2月份仍是上涨的，2月底与1949年12月底的物价比较，平均上涨了112.6%。3月底的物价比1949年年底涨了不到1倍，但比3月初降低了两成左右。3月以后，全国物价即逐渐下降，4月25日与2月底比较，平均下降了20.6%。4月25日以后，即初步转入稳定状态。[④]

---

① 《中央人民政府政务院关于统一国家财政经济工作的决定19500303》，中央档案馆，中共中央文献研究室：《中共中央文件选集 1949年10月—1966年5月 1950年1月—4月》第2册，人民出版社2013年版，第191页。

② 上海、天津、汉口、广州、西安、重庆。1950年1月多青岛，缺重庆。

③ 面粉、大米、小麦、小米、玉米、棉花、二十支纱、白细布。

④ 《各地银行存款数字激增 一个月来较上两月平均数增加一倍多》，《人民日报》1950年4月28日，第1版；孙晓村：《正当私营工商业的有利条件在成长中》，《人民日报》1950年4月14日，第5版；《近两月来的全国物价分析》，《人民日报》1950年5月19日，第5版。

由于中央经济政策的正确与坚定，财政、贸易、金融各部门工作的密切配合，1950年3月以后，全国物价普遍平疲趋跌。自3月1日至24日，上海物价下跌5.27%，天津下跌1.88%，汉口下跌2.27%，北京下跌2.42%，西安下跌22.8%，广州下跌0.9%。就银行存放款来说，公私营行庄存款渐增，国家银行的存户已不欲折实而存货币，借款户则多要求折实。[①]物价稳定，一般人对长期储蓄“渐感兴趣”[②]。

为什么进入1950年3月，在当时青黄不接的春荒期间，物价不但不涨，反而下落呢？基本原因，是政府的财政收支自1950年3月起接近平衡，赤字变小。表现在银行存款方面，就是银行存款大大增加，4月底与2月底比较，全国公私行庄存款总额增加了144%。之前国家银行的存款，公家平均占90%以上，而至4月私人存款的比例已占20%。同时折实储蓄存款减少，货币存款增加。

人民银行北京分行截至1950年4月20日的存款数字较3月20日增加95%，较2月底则增加193%。该行4月15日开始举办的保本保值定期储蓄存款受到市民欢迎，至24日

① 《中国人民银行关于物价趋势及调整并掌握四月份利率的指示19500328》，中国社会科学院，中央档案馆：《中华人民共和国经济档案资料选编·1949—1952·金融卷》，第372页。

② 《人民银行照原私营行庄资金出路　明天起举办银钱业定活两便存款》，《文汇报》1950年4月26日，第4版。

止，已有存户3349户，存款总额达54.5万余个单位。人民银行天津分行1950年4月14日定活两便存款较4月1日增加了8.8倍；私营行庄存款亦由4月初的1208亿元增至14日的1282亿元。与此相反，在物价上涨时可以保持购买力的折实储蓄存款，却由4月初的330万个单位，降至14日的80万个单位，即减少了3/4以上。

人民银行华东区行所属上海分行，1950年3月存款数字较2月平均余额增加了37%。其中折实储蓄存款较2月减少了46%，货币存款较2月增加了280%。人民银行皖南分行1950年3月下旬至4月12日的半个多月中，存款户数增加达91%强，其中私人存户增加了4倍余。青岛市情形也是如此。人民银行青岛分行1950年3月货币存款数字较2月增加1.5倍，其中私人存户增加达2倍以上。该行4月13日起举办的定活两便存款当天即存入52亿余元，21日添办保本保值定期储蓄存款，当日亦吸收存款达1.9万余个单位。武汉市在1950年2月下旬物价波动时，银行吸收的折实存款最高时1日达30万个单位，4月中下旬已大部转入货币存款。据人民银行汉口分行统计，1950年4月11日的折实存款余额较3月6日减少了37.68%，私人货币存款则增加了30.71%。人民银行西安分行1950年4月1日至20日的存款平均余额较1月增加了81.8%，完成并超过西北区行分配该行吸收存款任务的1.5倍以上。[①]

在全国物价和金融市场呈现普遍稳定的新局面时，全国批发物价总指数，以1949年3月为100，则1950年2月中旬为95.5，一年下跌4.5，而反映生活费的折实储蓄牌价指数，同期内下降10。[②]以上海为例，折实牌价在1950年3月2日达到最高6552元之后便一直呈下降趋势，3月26日回到6060元，4月上旬已退入6000元大关。天津从1950年2月19日折实牌价破6000元大关以后，22日达到最高峰6651元，以后即盘旋下降，3月29日为5924元。北京牌价1950年3月中旬最高亦达6640元，3月20日降到6195元，4月上旬也退入6000元大关，4月26日降到5280元[③]。全国各地除华南较高，西北、中南次之，牌价在京津沪以上外，南昌、九江、重庆等地都在5000元上下。[④]

在西南地区，1950年3月之前财政经济一直比较困难。1950年3月，中央人民政府政务院做出了统一国家财经工作的决定，西南财政经济困难开始好转，其好转的一

---

① 《各地银行存款数字激增　一个月来较上两月平均数增加一倍多》，《人民日报》1950年4月28日，第1版。

② 《中国人民银行总行：关于资本主义货币贬值和我降低汇价问题的报告19510303》，中国社会科学院，中央档案馆：《中华人民共和国经济档案资料选编·1949—1952·金融卷》，第891页。

③ 《折实储蓄　可转保本保值　也可提前支取》，《人民日报》1950年4月26日，第4版。

④ 孙晓村：《正当私营工商业的有利条件在成长中》，《人民日报》1950年4月14日，第5版。

个方面，就是金融物价趋向稳定。经过整顿收支，回笼货币，管理现金后，西南的金融物价即呈现了一个新的局面，通货膨胀的现象停止，物价由暴涨而下，银行的存款大大地增加，投机囤积的商户竞相抛售存货。表现在存款方面，也是折实存款改为现金存款，但存款金额却是大大增加。3月存款额是1316亿元，至5月15日已增加到4603亿元，几乎增加了3.5倍。人民银行重庆分行的存款余额，1950年4月比3月增加了1倍，比2月则增加了4倍，而5月中旬则又超过了4月的2倍。私营行庄的存款，亦已由4月底的234亿元，增加到5月15日的264亿元。各地银行的存款中，私人的比例已逐渐增大。川南分行私人存款由1950年1月的40%，增加到4月的45%。通货一经稳定，投机商人立即抛售囤积的货物，加上社会虚假购买力的消失，物价因而就一落再落。1950年2月物价暴涨至405.23（1949年12月底为100），3月即下落至330.5，4月更下落至261.2。[①]

在北京，人民银行北京分行开展的折实储蓄“一向为市民所欢迎”，但到1950年3月却有了变化。3月的折实存户总计是11318户，较2月减少了1582户。[②]在到期的折实

① 《西南财政经济开始好转》，《人民日报》1950年7月10日，第2版。

② 2月是28天，除春节休假，星期日例假外，银行营业时间仅21天。若以平常月份计算，2月、3月两月的差额还应更大。

储蓄存款“转存”或是“提现”上，也一反以往的规律。在之前，到期存款继续转存的约占2/3，提取现款的占1/3；3月中恰恰相反，提现的为2/3，转存的只剩下1/3。①

伴随这一变化的另一新情况是，该行货币储蓄开户数骤然增加。人民银行北平（北京）分行从1949年8月1日开始办理货币储蓄，一向储户很少。到1950年2月底，7个月中只有3个户头，并且存款额都很少。在1950年3月，储蓄部的工作人员第一次听到存户问：“存款能不能不折实？”在3月中，自动要求开立活期货币储蓄的户头有32户。开立3个月，定期户头的15户，存入金额459万元（此是人民银行北京分行储蓄部的情况，未包括人民银行各办事处）。半年来储蓄部业务上的“冷门”——货币储蓄，在1950年3月开始活跃。②据中国人民银行北京分行统计，自1950年2月下旬起，存款数即日有增加。至4月10日，存款累积数已比2月底增加了118%，比3月底增加了17%。“存款显著增加的原因是物价平稳，币值日趋巩固，一般人重物轻币的思想已开始转变。”③

据人民银行天津分行统计，在物价上涨时可以保持购

---

① 近宇、贺笠：《统一财经工作发生显著效果　京沪物价开始稳定》，《人民日报》1950年4月10日，第1版。

② 同上。

③ 《新华日报社：财经统一措施后的物价与金融19500515》，中国社会科学院，中央档案馆：《中华人民共和国经济档案资料选编·1949—1952·金融卷》，第236页。

买力的折实存款由1950年4月初的330万个单位，降至14日的80万个单位，即减少了3/4以上，折实储蓄11日与1日比较，减少了26%。而4月14日的货币存款额和1日的比较，增加了40%以上。私人行庄存款总额方面，货币存款在增加，4月初为1208亿元，14日增至1282亿元。[①]

在上海，人民银行上海分行1950年3月存款数字较2月平均余额增加了37%，但折实存款较2月减少了46%，货币存款较2月增加了280%。[②]沪市人民银行合作储蓄部本部、代办银行及所属各办事处，在1950年4月1日折实储蓄存户户数（包括市民团体机关存户）总计124418户，4月15日为90221户，减少34197户，折实储户减少27%。以4月1日为基数，至4月15日，折实单位份数减少36%。人民币存储户数由91670户增至117740户，存储户数约增加28%，存款金额增加29%。此外，人民银行长期存款中，开始有人存6个月的长期存款，这是多年来从未有过的现象。[③]

---

① 《新华日报社：财经统一措施后的物价与金融19500515》，中国社会科学院，中央档案馆：《中华人民共和国经济档案资料选编·1949—1952·金融卷》，第237页。

② 《各地银行存款数字激增　一个月来较上两月平均数增加一倍多》，《人民日报》1950年4月28日，第1版。

③ 《新华日报社：财经统一措施后的物价与金融19500515》，中国社会科学院，中央档案馆：《中华人民共和国经济档案资料选编·1949—1952·金融卷》，第239—240页。

武汉在1950年2月下旬物价波动时，银行吸收的折实存款最高时1日达30万个单位，到4月初，已大部转入货币存款。据人民银行汉口分行统计，1950年4月11日的折实存款余额较3月6日减少了37.68%，私人货币存款则增加了30.71%。[①]武汉折实单位牌价，从1950年3月1日到4月11日共42天，自5445元降为4092元，即下降约为1/4。银行存款特别是定期存款不断增加。[②]

人民银行皖南分行1950年3月下旬至4月12日的半个多月中，存款户数增加达91%强，其中私人存户增加了4倍余。人民银行青岛分行1950年3月货币存款数字较2月增加1.5倍，其中私人存户增加达2倍以上。[③]广州市人民银行折实储蓄牌价由1950年3月15日的每份10526元直线下降至4月13日的每份7360元，降低了30.1%。[④]人民银行青岛分行1950年5月20日的储蓄存款余额比4月增加60%，其中

---

① 《各地银行存款数字激增　一个月来较上两月平均数增加一倍多》，《人民日报》1950年4月28日，第1版。

② 《新华日报社：财经统一措施后的物价与金融19500515》，中国社会科学院，中央档案馆：《中华人民共和国经济档案资料选编·1949—1952·金融卷》，第240页。

③ 《各地银行存款数字激增　一个月来较上两月平均数增加一倍多》，《人民日报》1950年4月28日，第1版。

④ 《新华日报社：财经统一措施后的物价与金融19500515》，中国社会科学院，中央档案馆：《中华人民共和国经济档案资料选编·1949—1952·金融卷》，第41页。

折实储蓄存款额占总额的百分比从4月的75%减至44%。[①]南京人民银行普通储蓄存款，逐日均有进展。自1950年3月18日为15447万元，至4月1日增加为67072万元，增加3倍以上。折实储蓄因为牌价逐日低落，提取者甚多，自291938个单元减为216719个单元，且不断下降。[②]

由于物价稳定，多年来一般人“重货轻币”的心理已开始发生重大转变，这种转变的事实“表现在折实储蓄存款的变化”[③]。从1950年3月到4月初的一个多月内，各地银行的存款发生了很大的变化，主要表现在折实储蓄存款数额减少，货币存款数额增加，以及私人存款数额的增加等方面。这些情况说明，“币值巩固，金融市场导入正轨，折实储蓄失去了保持币值的主要意义，存户兴趣已渐转向货币储蓄方面发展”，[④]亦能“反映出市民对货币的信赖心理”[⑤]。

① 陆超祺：《全国金融情况日趋稳定 人民币进入农村信用更加巩固》，《人民日报》1950年6月30日，第5版。

② 《（中国银行南京分行）普储日增，折储续减》，《南京金融周报》1950年第1卷第18期，1950年4月5日，第13页。

③ 《新华日报社：财经统一措施后的物价与金融19500515》，中国社会科学院，中央档案馆：《中华人民共和国经济档案资料选编·1949—1952·金融卷》，第239—240页。

④ 同上。

⑤ 近宇、贺笠：《统一财经工作发生显著效果 京沪物价开始稳定》，《人民日报》1950年4月10日，第1版。

以保本保值为原则的储蓄形式推陈出新

折实储蓄是在通货膨胀严重、人民币信用尚未确立的环境中开办的。1950年3月以后，人民政府统一财经管理，物价普趋稳落，人民币币值进一步稳定，折实单位的牌价随物价下降而回落，因此储户对所存的折实存款急求保本。[①]折实储蓄已不为民众所重视，其意义逐渐失去，“继续举办折实存款，也不能收到吸收游资的效果了”[②]，但人们对物价是否能长期稳定下去还有思想顾虑。[③]为适应这一新情况，中国人民银行在折实的基础上推出了保本保值、定活两便等新的储蓄形式。

1950年3月18日，“为了适应与便利物价平疲时期的吸收存款”，中国人民银行颁发正式的《保本保值定期储蓄存款章程》，在全国举办保本保值定期储蓄存款，并准许原有折实储户可转存保本保值或提前支取。保本保值储蓄，除机关、公营企业、合作社外，不限对象。种类为整存整付、零存整付、整存零付、存本付息4种。存取办法

① 《物价长期稳定折实储蓄停办　未到期存户可以转存保本保值存款》，《文汇报》1950年12月15日，第8版。

② 《人民币的统一和占领全国市场》，《新中国若干物价专题史料》编写组：《新中国若干物价专题史料》，第66页。

③ 王静然：《人民储蓄事业的成长》，《人民日报》1950年10月7日，第5版。

为存入时按当日折实单位牌价折实收存。到期支取时，可按折实单位数折实付给本息，也可本息均按货币储蓄存款办法付给，听凭存户意愿。[①]该章程颁布后，保本保值储蓄业务在各地陆续开展，各地在执行过程中可根据本地情况进行调整。

对普通民众来说，想存款又对物价的稳定还不很放心，怕万一物价涨，有限的利息不够补债，那保本保值定期储蓄存就是比较好的选择。[②]1950年3月物价基本上已经稳定，但在个别地区对于某些物价的合理调整仍属难免，保本保值方式在适应一般群众心理、消除储户对物价顾虑上起到了一定作用。[③]

同时，“为了开展存款业务，组织社会闲散资金投向生产，并谋存户利益与存取方便”[④]，全国多地如上海、天津、无锡、南京、青岛、济南、蚌埠、浙江等处的银行，在1950年3月、4月间均先后举办了定活两便存款。该项存款的主要特点是：存户既有较高利息收入（近似定期

---

① 《保本保值定期储蓄存款章程》，中国社会科学院，中央档案馆：《中华人民共和国经济档案资料选编·1949—1952·金融卷》，第254—255页。

② 《保本保值定期储蓄存款》，《文汇报》1951年3月13日，第8版。

③ 《中国人民银行总行为颁发第一次储蓄专业会议总结任务希即组织执行的通令》，中国农业银行资金组织部：《金融资金组织工作文件汇编 1949—1989.4》，第18页。

④ 《市人民银行开办定活两便存款 五万元开户随时可提取》，《光明日报》1950年5月11日，第4版。

存款）又有分期支付（近似活期存款）的方便，对象不加限制。[1]这种储蓄存款，对于手里有余钱，随时有动用可能而又预料不到何时动用的民众，最为适宜。[2]

由于在实施过程中，各地定活两便存款办法“多纷歧”，1950年6月，中国人民银行总行颁布了《定活两便储蓄存款简则》进行统一。简则规定，定活两便储蓄存款开办的目的是“为组织社会闲散资金，扶植生产，并谋存户存取方便”，除机关、团体、公营企业、合作社外均可存储。开户以5万元起码，多者不限。存入时由银行发给存单，可随时凭存单提取一部分或全部。提取一部分时，除在存单批注外，应由存款人开具取款凭证，交银行存查。利息俟结清时一并付给。存入不满15天支取者，按普通活期利率计息。存满15天而不足1月者，按存入日普通定存15天利率七折按日计息。存满1月仍不支取者，将1月利息滚入本金，按到期日新规定利率复利计算。存单不得抵押或转账。[3]

随着物价的稳定，折实牌价的下降，为保证储户利益，人民银行及时开办的“定活两便”和“保本保值”

---

① 王静然：《物价稳定本币信用日高　全国各地存款激增　四月底余额较二月底增加两倍多》，《人民日报》1950年5月17日，第2版。

② 《定活两便存款》，《文汇报》1951年2月23日，第8版。

③ 《中国人民银行总行为颁发“定活两便储蓄存款简则”在已办该种存款的行处实行的通知1950年6月23日》，中国农业银行资金组织部：《金融资金组织工作文件汇编　1949—1989.4》，第15—16页。

等储存业务，借“两便”（定期之利，活期之便）、“双保”（取时物价涨，折实付本息；物价落，货币付本息）的办法，增加存户的信心，[①]也给存户带来方便与好处，“因而立即为广大群众所普遍拥护”[②]。

保本保值存款“由于兼有折实存款和货币存款的优点，切合客观需要，存户极为踊跃”[③]。保本保值定期储蓄存款开办后，许多原有折实储蓄存款纷纷要求转为保本保值存款。人民银行北京分行为照顾旧存户，规定凡愿转存者可至该行各部处办理手续，不愿转存希望提前支取者，也可按提取当日牌价支取。[④]新业务的开展使该行储蓄量增加，1950年4月14日至22日8天中，有2398户存入金额17亿元以上（合321794个折实单位）。货币储蓄也继续增加，截至4月22日，存户已超过500户，存入金额在30亿元以上。与3月底相较，户数增加27倍，存入金额增加600多倍。[⑤]

---

① 王静然：《人民储蓄事业的成长》，《人民日报》1950年10月7日，第5版。

② 王静然：《物价稳定本币信用日高　全国各地存款激增　四月底余额较二月底增加两倍多》，《人民日报》1950年5月17日，第2版。

③ 《人行定期货币存款可按保本保值转存》，《文汇报》1950年6月30日，第3版。

④ 《原为折实储蓄存款　可转保本保值存款》，《光明日报》1950年4月26日，第4版。

⑤ 《人民银行京分行主动开展业务　存款激增七百余亿　四月份超过原计划百分之六二》，《人民日报》1950年5月8日，第3版。

人民银行上海分行定活两便存款1950年4月开办当天，即存入1100余户，10日间达到7000余户，存入金额近300亿元。至中国银行与私营新四行续行开办后，每日仍收付不下千笔。[①]中国银行上海分行举办定活两便存款第1天内便有300多存户，开折存款数十亿元。后该行更是专设了4个柜台，调用了100多人员参加工作，工人们也自动协助点钞。1950年3月15当日统计，吸收了500多存户，很多原来的活存户纷纷转存了定活两便存款。[②]

人民银行汉口分行举办的保本保值存款，自1950年4月20日至5月20日1个月内，存户达9432户，存款总数达119亿元。各种存款平均期限，一般亦较前延长。[③]浙江分行的定活两便存款，自1950年4月1日到15日半月中，存户有3400户，金额收入38亿元，无锡开办后6日间收存亦有784户，金额7亿元。天津自1950年3月底至4月17日存户1722户，金额87亿元。[④]

人民银行青岛分行1950年4月13日起举办定活两便存

① 王静然：《物价稳定本币信用日高　全国各地存款激增　四月底余额较二月底增加两倍多》，《人民日报》1950年5月17日，第2版。

② 《中国银行举办定活两便存款　开始两天内吸收八百多客户》，《文汇报》1950年3月16日，第4版。

③ 《人民银行中南区行　提前完成吸收存款上解任务》，《人民日报》1950年5月29日，第2版。

④ 王静然：《物价稳定本币信用日高　全国各地存款激增　四月底余额较二月底增加两倍多》，《人民日报》1950年5月17日，第2版。

款，当天即存入52亿余元，21日添办保本保值定期储蓄存款，常日亦吸收存款达19000余个单位。[①]至1950年4月底，人民银行青岛分行定活两便、保本保值两项存款金额即达118亿元。定活两便存款户中，职工占61%、市民占31.5%、私营工商业者占6.5%、其他占1%。保本保值存款户中，职工占49.8%、市民占26.6%、私营工商业者占23.6%。自从币值稳定后，各地都把定期存款的期限由以前几天或半月，逐渐改为1月、2月、3月、6月、1年以至2年。[②]

人民银行各地分行在举办定期保本保值储蓄存款、定活两便存款的同时，还以保本保值为基础开展了保本保值有奖储蓄存款。其特点为：该项存单，除照人民币面额保本外，另以开奖日折储牌价，折合折储单位保值。还本时，按照人民币面额，或原折合的折储单位，照到期日牌价计算，由储户自行选择照付。按抽签方式，在6个月以内，使存款人既有得到巨额奖金的机会，亦有力地保证了存款不受物价币值涨落的任何影响。[③]这种有奖双保储蓄吸取了苏联银行推行人民储蓄的经验，特点是能保本、

① 《全国物价普遍稳定　各地银行存款激增》，《光明日报》1950年4月28日，第1版。

② 陆超祺：《全国金融情况日趋稳定　人民币进入农村信用更加巩固》，《人民日报》1950年6月30日，第5版。

③ 《保障储户利益　人民银行沪分行筹办保本保值有奖储蓄存款　存款不受物价币值涨落影响》，《文汇报》1950年4月25日，第5版。

期限短、奖额多、利息优，本质上完全不同于过去南京国民政府时期所发行的奖券，因此获得广大人民的欢迎。河北省及北京、天津两市，先后举办的数期有奖储蓄数十万号，都未到截止日期就都全部收储足额。全国2个月内共收储有奖储蓄存款共266亿元，为国家经济建设提供了很大一笔资金。①

保本保值和定活两便储蓄的开办，解除了人民因物价下落而产生的对折实储蓄的顾虑，因而使储户大大增加。许多地方，1年甚至2年的定期储蓄，也有了不少储户。在浙江省，截至1950年11月底，人民银行存款余额较1949年12月增加达12倍以上。在天津市，如以1949年3月人民银行的平均存款余额为基数，1950年12月15日的余额即比3月增加719%以上，储户也由3月的1.5万余户激增至12月中旬的20余万户。定活两便和保本保值储蓄办法的实施大大激发了民众的储蓄热情，使得1950年3月物价稳定之后，各地人民银行的存款数字有了很大的增加。据人民银行总行总计，截至1950年4月21日，存款总额较3月底增加82.8%，较2月底增加127.5%。②在储蓄存款办法中，以定活两便和保本保值的储蓄办法最受群众欢迎，如人民银行

① 《全国人民银行大力推行储蓄业务　有了很大发展　去年全国储蓄存款总余额较前年底增加了九倍》，《文汇报》1951年1月7日，第8版。

② 同上。

上海分行1950年5月、6月、7月中，这两项存款占总存数的近60%，足见其受欢迎程度。[①]

保本保值和定活两便储蓄等以保本保值为原则的储蓄形式，“只有在人民政府坚决保证物价稳定的条件下才能取得成效”。各地开办此项业务距离物价稳定时间都比较短，“这就可看出当时政府对物价政策掌握坚定和确具信心”。各地保本保值、定活两便存款举办之初，折实牌价趋势是逐步下降的。从这一走势来看，可以明确银行对保本保值业务到期支付时，极大部分是按保本计算，按保值计算的不多，而所支付的折实损失也不大。“这对存户来说，教育意义是高过于实际收益的。”人民银行对保本保值业务不但继续办理，而且扩大举办到其他储蓄业务上，如各地又举办了有奖有息储蓄、定额储蓄，均采用了保本保值的原则。这说明了人民银行对于金融稳定下物价稳定的信心。[②]

1950年3月以后，物价已趋稳定，但在个别地区对于某些物价的合理调整仍属难免，保本保值方式在适应一般群众心理、消除储户对物价顾虑上，起到了积极的作

---

① 王静然：《人民储蓄事业的成长》，《人民日报》1950年10月7日，第5版。

② 《财经统一措施后一年来广州经济情况 195104》，中华人民共和国国家经济贸易委员会：《中国工业五十年 第一部 国民经济恢复时期的工业：新民主主义社会的工业·1949.10—1952·下卷》，第1678页。

用。[①]物价稳定和人民银行的大力推行，使1950年以后中国人民银行的储蓄业务有了很大的发展。截至1950年12月上旬，中国人民银行全国储蓄存款总余额较1949年年底增加了9倍。这对积聚零散资金投入经济建设及稳定金融物价起了一定的作用。[②]

折实储蓄的作用逐渐减弱

从1949年年初，各解放区本地银行陆续举办折实储蓄存款，旨在保障职工和一般储户利益，使存款人不因物价上涨受到损失。折实储蓄经过1949年的积极开展，在各机关、团体、学校、厂矿职工中树立了良好的基础和威信，在一般私营工商业者和市民中也建立了信用，到1950年年初更具有了扩大和发展的有利条件。[③]但到1950年3月，全国物价和金融市场开始呈现普遍稳定的新局面，折实单位牌价随物价的下降而回落，因此储户对所存的折实存款，

---

① 《中国人民银行总行为颁发第一次储蓄专业会议总结任务希即组织执行的通令》，中国农业银行资金组织部：《金融资金组织工作文件汇编 1949—1989.4》，第18页。

② 《全国人民银行大力推行储蓄业务 有了很大发展 去年全国储蓄存款总余额较前年底增加了九倍》，《文汇报》1951年1月7日，第8版。

③ 《北京的人民金融事业》编写组：《北京的人民金融事业》，第122—123页。

急求保本。[①]在这种情况下，折实储蓄实际上已不符合社会需要，民众纷纷将折实储蓄改换为新的储蓄形式，货币储蓄也开始受到重视。

各地人民银行为适应群众的需要，1950年3月、4月间开始在折实储蓄基础上举办定活两便、保本保值储蓄存款，以及有奖储蓄和定额储蓄等新的储蓄方式，其利息和各种条件均比单纯性的折实存款优厚。这些新的储蓄方式开办后，“存户极为踊跃”[②]，并为折实储蓄逐步过渡到货币储蓄创造了条件。1950年6月以后，物价更加趋于稳定，折实储蓄继续保留的意义不大。因此，1950年9月，中国人民银行召开了第一届储蓄专业会议，提出了“开展正规货币储蓄”的方针，引导储蓄业务向货币储蓄发展。这意味着，自此人民币币值已不再需要直接以某几种实物来担保了。[③]

折实储蓄、定活两便、保本保值储蓄等储蓄方式“本系从物价上涨到物价稳定过程中所产生的一种过渡存款方式”，在物价基本已趋稳定时，“所有各项过渡存款方式已不宜继续发展”。1950年6月23日，人民银行要求未

---

① 《物价长期稳定折实储蓄停办　未到期存户可以转存保本保值存款》，《文汇报》1950年12月15日，第8版。

② 同上。

③ 《人民币的统一和占领全国市场》，《新中国若干物价专题史料》编写组：《新中国若干物价专题史料》，第66—67页。

举办定活两便存款各行处，不必再办理。机关、团体、公企、部队、合作社等也不应再开户定活两便存款。已实行者到期清户，并根据存款部门意愿分别转入定期或活期存款。[①]1950年8月，全国金融业联席会议认为，根据当时形势，保本保值存款，仍为人民所需要，暂予保留，但考虑将来废除。定活两便存款，因资金运用均有困难，可用延长期限、削减利息等方法逐步改进。[②]

在物价稳定一般民众都已看重货币储蓄之时，[③]人民银行为适应群众和市场需要，解除人民担心物价下落的思想顾虑，在保留折实储蓄之外，又陆续增办了不同的货币储蓄方式。[④]1951年8月，中国人民银行制定了《中国人民银行存款章程》，开办活期存款、定期存款和保本保值存款3种业务，而保留保本保值储蓄更多是为“解除（民众）对物价涨落的顾虑”[⑤]。在农村，中国人民银行则因

① 《中国人民银行总行为颁发“定活两便储蓄存款简则”在已办该种存款的行处实行的通知1950年6月23日》，中国农业银行资金组织部：《金融资金组织工作文件汇编　1949—1989.4》，第15—16页。

② 陆超祺：《集中资金，扶持生产——记全国金融业联席会议》，《人民日报》1950年8月25日，第2版。

③ 王静然：《人民储蓄事业的成长》，《人民日报》1950年10月7日，第5版。

④ 近宇、贺笠：《统一财经工作发生显著效果　京沪物价开始稳定》，《人民日报》1950年4月10日，第1版；王静然：《物价稳定本币信用日高　全国各地存款激增　四月底余额较二月底增加两倍多》，《人民日报》1950年5月17日，第2版。

⑤ 《中国人民银行存款章程1951年8月》，中国农业银行资金组织部：《金融资金组织工作文件汇编　1949—1989.4》，第39页。

地制宜，推出了“大米单一折实储蓄”“棉花双保定额储蓄”等新的储蓄方式。[①]

经验证明，物价稳定是巩固与扩大货币市场、集中资金的基本条件，过去由于物价不稳，群众不愿保存纸币，在城乡都不得不采用折实存款的办法来开展货币信用工作。1950年物价稳定，全年物价只上涨13.5%，货币不仅在城市站稳，还能深入农村，群众已开始愿意保存货币，中央政府考虑逐渐废除折实办法。[②]

随着人民币信用的提高，其计价与储蓄职能得到正常发挥，折实储蓄必然向货币储蓄转化。物价长期稳定的趋势也逐渐为广大群众所认同，群众对货币储蓄逐渐重视起来。折实储蓄的作用已“逐渐消失，结余金额也极有限”，事实上，存户也希望“自动取消这种存款方式”，折实存款转为其他存款。[③]到1951年年底，利率已基本稳定，如上海，定活两便原来持定期的计息优点差额非常小，已无存在作用。当时定活两便的利率，动的部分为9厘，不动部分为1分05毫，相差极微，而计算手续比较繁

---

① 《中国人民银行农村单一折实储蓄存款章程1951年8月》，中国农业银行资金组织部：《金融资金组织工作文件汇编　1949—1989.4》，第30页。

② 《中国人民银行1951年工作总结与1952年工作计划》，中华人民共和国国家经济贸易委员会编：《中国工业五十年　第一部　国民经济恢复时期的工业：新民主主义社会的工业·1949.10—1952·下卷》，第1324页。

③ 陆超祺：《集中资金，扶持生产——记全国金融业联席会议》，《人民日报》1950年8月25日，第2版。

杂。所以定活两便并入活期存折储蓄，之后即照存折储蓄利率计息。①

1952年5月，中国人民银行区行行长会议举办。会议指出："今后储蓄发展的方向应以货币定期储蓄为主。由于物价已更稳定，人民币的计价和储蓄机能提高，特别是'三反'、'五反'运动以来，广大人民群众的政治觉悟提高，国家的经济力量日益强大，市场更趋安定。因此关于过渡时期所采取的折实、保本保值、单一折实等储蓄已没有必要继续保留。且取消折实、双保后，手续可大大简化。这对于今后开展储蓄更为便利。"②

同年7月，中国人民银行制定了新的储蓄存款章程，要求停办折实储蓄、保本保值储蓄、大米单一折实储蓄、棉花双保定额储蓄等储蓄方式，这些储蓄到期后按到期日牌价折成货币改存，储户自愿提前转存货币者亦可。同时，中国人民银行总行在《为颁发修订储蓄存款章程（草案）并注意各点的指示》中强调，停办折实储蓄、保本保值储蓄，但各地折实牌价继续公布，俟全都存款结清后停止公布。并把取消保值储蓄、折实储蓄作为宣传的重

---

① 《人行今起停办两便储蓄　一律归并活期存折计息》，《文汇报》1951年11月1日，第3版。

② 《中国人民银行区行长会议关于若干问题的决定（1952年5月）》，中国社会科学院，中央档案馆：《中华人民共和国经济档案资料选编·1949—1952·金融卷》，第587页。

点。[①]之后，折实储蓄逐渐在全国停办，但各地折实牌价挂牌大都到1954年、1955年。[②]

解放初期，在党和政府金融政策的指导下，折实储蓄得到了广大人民的拥护和银行干部的支持，取得了很大的发展。折实储蓄的发展可以分为3个阶段：第一阶段是折实储蓄在华北解放区的试办阶段，从1949年2月到1949年5月。通过在石家庄、天津、阳泉、北平（北京）、邯郸、长治等地的试办，折实储蓄的益处被逐渐认识，得到了试办地区民众的认可与欢迎。第二阶段是折实储蓄在全国发展阶段，从1949年6月到1950年2月。1949年6月，折实储蓄在当时全国的金融中心上海举办，并随着全国解放的推进，逐步推广至全国。根据本地的实际情况，各地制定了适合本地的折实储蓄实施办法，并在实施的过程中不断简化手续、改进章则等。第三阶段是折实储蓄规模逐渐缩小至停办，从1950年3月到1955年3月。1950年3月，国家统一财经工作后，物价逐渐稳定，折实储蓄作用减少，人民币信用提高。各地人民银行开展了保本保值、定活两

---

① 《中国人民银行总行为颁发修订储蓄存款章程（草案）并注意各点的指示1952年7月16日》，中国农业银行资金组织部：《金融资金组织工作文件汇编　1949—1989.4》，第43—46页。

② 各地折实牌价停止挂牌时间不一，如上海折实牌价挂到1955年2月28日。《折实单位牌价》，《文汇报》1955年2月28日，第4版；《折实单位牌价》，《文汇报》1955年3月1日，第4版。浙江折实牌价挂到1954年4月。浙江省金融志编纂委员会：《浙江省金融志》，第163页。

便等多种储蓄方式，指导民众逐渐从折实储蓄过渡到货币储蓄。

折实储蓄的实施，保障了劳动人民的收入，使民众在主要日用品方面不受物价上涨的影响。同时，广大人民通过折实储蓄也使自己的生活得到改善和提高。国家也通过折实储蓄，集中了社会上的闲散零星资金，使之服务于生产建设，并对市场与物价的稳定、促进物资交流、繁荣经济等方面都起了应有的作用。同时，通过折实储蓄，改变了人民过去在南京国民政府时期的储蓄观念，逐渐体验到参加储蓄是一种美德，养成社会上的节约风气。[①]

---

① 《上海人民储蓄事业有很大发展　目前积累的余额可建造五条成渝铁路》，《文汇报》1953年10月16日，第2版。

六、折实储蓄的实施功效

平抑物价，保障民生

解放之初，稳定物价实在是一个很重要的问题。因为只有在物价相对稳定的条件下，生产事业才能合理地发展，人民的生活才能有稳妥的保障。[①]解放之初，各地物价上涨的趋势一时未能结束，民众重货轻币，在这种情况下，人民银行创办折实储蓄存款，以保障薪给民众的实际购买力，引导游资走向生产事业，并减轻游资对物价的压力。[②]折实储蓄以粮布煤等日用必需品为计算本位，完全依据市价的涨落定出指数，以为储蓄收付的标准。[③]折实储蓄存款人将货币存入银行时，银行即将所存货币数量按

---

① 子华：《稳定物价的有效措施》，《文汇报》1949年11月5日，第1版。

② 王静然：《人民储蓄事业的成长》，《人民日报》1950年10月7日，第5版。

③ 章乃器：《由过去的“银灾”说到蒋匪帮的“恢复银本位制”》，《人民日报》1949年7月21日，第4版。

当时标准实物单位价格折成若干标准实物单位。期满提款时，银行则按存入时的标准实物单位数量以及提款时的标准实物单位价格折成货币偿付，此外并按折实存款的类别及时间长短，以存入时的货币数量计算付息。这样广大存款户不但可以获得一般的存款利息，而且可以免受物价上涨中货币贬值的损失。[①]

折实储蓄的单位牌价随物价的升降而调整，这样能充分保障民众收入，所以，依靠固定工资收入的厂矿职工、机关干部、学校教师等纷纷开户存储。根据1949年北京市人民银行折实储蓄存款对象的分析，在储蓄总存户中，以机关干部居首位，厂矿职工次之，教职员再次之；如以存储的折实单位看，除去机关、学校等团体户不计在内，也仍以机关干部最多，学校教职员次之。可见，国家机关干部、厂矿职工、教职员等依靠工资收入的群体是折实储蓄的基本存户。[②]

解放前，通货膨胀严重，普通的职工、教员以及学生们受影响很大，折实储蓄存款的最大意义，就在保障大多数人民的收入和购买力，使不受各种人为物价波动的影响，与举办合作社是相辅而行的举措。人民币是人

① 程人杰：《谈谈折实储蓄存款》，《人民日报》1949年6月2日，第4版。

② 《北京的人民金融事业》编写组：《北京的人民金融事业》，第121—122页。

民自己的通货，是最可靠的，但在各地交通与产销情形没有完全恢复，尤其全国解放还未完成的局面下，暂时的物价波动是难以避免的。开展折实储蓄后，受保障的大多数存户，就可以安心做各部门的工作，不必再为通货影响生活的问题担心，这就必然可以提高工作上的情绪。①

折实储蓄实行以后，为职工欢迎，储蓄数额日见增加。②解放初期，全国各地陆续开办储存，折实储蓄差不多都占到90%以上，上海在1949年10月间，折实储蓄为货币储蓄的8倍。③这些储蓄保证了一部分基本群众（主要是工人、学生、公教人员）的储蓄保值，使他们避免受货币贬值影响。④

折实储蓄因为基本不受通货膨胀的影响，能够保障储户的经济利益，所以逐渐为群众所接受，越是在物价剧烈波动时期，折实储蓄越呈增长趋势。⑤1949年11月，各地物价发生解放后最大幅度的波动，在这一段时间内，一

---

① 《论折实储蓄存款》，《大公报》（上海版）1949年6月15日，第2版。

② 《折实存款单位 昨挂三四五元 中行增办代办处 便利市民存储》，《文汇报》1949年6月26日，第5版。

③ 王静然：《人民储蓄事业的成长》，《人民日报》1950年10月7日，第5版。

④ 《张友渔副市长在北平各界代表会议上关于北平市半年来财经工作补充报告摘要》，《人民日报》1949年8月16日，第4版。

⑤ 徐翀：《国民经济恢复时期的中央银行研究》，中国金融出版社2016年版，第147页。

般市民为避免受到损失，纷纷将短期存款取出，改向人民银行存折实储蓄，造成存折实储蓄的人特别多。[①]上海在1949年11月中旬至1950年2月底，市场物价波动较大的时期，折实牌价由1855元涨到6546元。折实储蓄也直线上升，由11月16日的1120万个单位，增至12月底的4661万个单位，“折实储蓄在社会心理上、在金融市场上，均起到了安定的作用”[②]。

在1949年11月物价波动显著期间，一般职工对于所得工资如何保值，一家生活如何维持都很焦虑。但在这段人心惶惶的时间内，人民银行针对客观情势，采取了两项措施：一面放宽折实储蓄的尺度，1个月以上定期折储，不限数额，人人可存；一面对于银行所办各种储蓄业务的利率，采取机动调整的办法，尤其是短期储蓄的利率，紧随着市场资金的供求来调整，与各大商业行庄短期定存利率趋于一致。人民银行站在保障职工市民生活的立场，使社会资金得到合理稳妥的存放。由于民众对人民政府的信任，人民银行全力为人民服务的精神，这种措施成效显著，物价在11月底开始稳定。这是政府采取了各种必要措施，如统一采购物资、充分供应粮食、检查并打击投

① 《折实储蓄　保障生活　存户踊跃　十四日存入一百二十四万单位　十五日存入二百七十四万单位》，《大公报》（上海版）1949年11月17日，第5版。

② 王志诚：《五十年前的折实储蓄》，《文汇报》1998年9月19日，第8版。

机行庄等全面配合的成果。但人民银行吸收大量储蓄存款，“显然也起了很大作用”。[①]

北京1949年11月物价波动过程中，吸收的折实储蓄在当时足以购买面粉4.7万袋或布1.6万匹。[②]天津在1949年11月，前后半个月内，棉布上涨2.9倍，通粉上涨2.75倍，小米涨3倍。在此涨势之下，折实储蓄存款显著增加，11月全月新增存户548户，近30万个单位，约11亿余元。[③]在物价波动时期，折实储蓄的大量吸储对于收缩通货、抑制物价上涨起到了一定作用。[④]

同时，在物价波动时，社会上最易出现浪费。民众担心物价上涨，急急忙忙到处抢购，有钱就花，这是极大的浪费。物价波动最厉害的时候，也是消费市场最繁忙活跃的时候，市民们到市场上抢米、抢面，囤油、囤布，非必需的也着急抢购。从这一点看是在大量浪费。抢购抬价，浪费致穷，这是显而易见的道理。折实储蓄就是“保障币值极稳妥而方便的途径”，有了折实储蓄，市民就不怕物价涨，不怕币值跌了。人民政府对货币负责，举办折实储

---

① 《储蓄就是一个考验》，《大公报》（上海版）1949年12月15日，第3版。

② 《北京的人民金融事业》编写组：《北京的人民金融事业》，第121—122页。

③ 《紧缩通货奏效 津物价稳定 收回贷款三百多亿 折实存款三十万单位》，《大公报》（上海版）1949年12月14日，第5版。

④ 王静然：《人民储蓄事业的成长》，《人民日报》1950年10月7日，第5版。

蓄就是负责的保证。有了折实储蓄，民众充分利用折实储蓄，就不用“惶惶抢购以刺激物价”了。1949年11月，各地银行折实存款大量增加，这是民众信任人民币的表现。[①]

以上海为例，中国银行自1949年6月14日开办折实储蓄以来，截至8月26日，收储总户数（累积数）达426728户，以每户有关系人口3口计，即关联130万人左右；单位总数（累计数）7782717份。余额户数亦经常在11万户左右（即关联30余万人生活），余额单位数常在五六百万份之间（8月份物价下落，余额有所减少）。[②]在物价不稳定的情况下，折实储蓄是吸收社会零散资金的一种方法，它保证了一部分基本群众（主要是工人、学生、公教人员）的储蓄保值，使他们避免受货币贬值影响，[③]“保障了职工的最低生活”[④]。

同时，折实储蓄减少了对银元物资抢购的力量，对稳定物价人心起了相当配合作用。以上海为例，1949年6月中下旬正值收兑外币银元期间，许多市民兑后即存了折储，当时3个月以上的定期储蓄30余万份，占全部折储的

① 《综论物价问题　并试提几点建议》，《大公报》（上海版）1949年11月29日，第2版。

② 《沪折实储蓄存款总额》，《银行周报》1949年（第33卷）第38期，1949年9月19日，第52页。

③ 《张友渔副市长在北平各界代表会议上关于北平市半年来财经工作补充报告摘要》，《人民日报》1949年8月16日，第4版。

④ 《再谈折实单位》，《文汇报》1950年10月28日，第8版。

57.8%，这对于当时安定物价显然起着良好的影响。折实储蓄工作和广大职工、教员、学生、市民密切联系，“成为安定广大群众生活的一个重要因素”。折实储蓄在解放初期配合政府打击银元投机上，尤其对于保障职工生活，安定物价人心，起了很大作用。折实储蓄保障了广大职工短期剩余购买力的实值，使他们安心生产与工作，从而亲密了国家与职工群众的关系。[①]

稳定币值，提高信用

解放初期，由于长期通货的恶性膨胀，“人民已慢慢养成不信任何纸币的心理”，民众更愿意以银元作为储存、流通的媒介。解放初期，一些不良商人及反动分子投机操纵，故意哄抬银元价格，以图获取暴利，或抑低人民币的购买力。[②]因此，各地人民政府在收兑金圆券、取缔银元、以人民币为唯一合法通货、确立人民币信用的过程中，采取了多种措施，其中，举办折实储蓄成为共产党新政权建立健全独立自主货币体系“釜底抽薪的治本措施”

---

① 《折储工作更进一步：符合公私两利　获得健全发展》，《大公报》（上海版）1949年8月31日，第5版。

② 《中国人民银行华东区行：华东区新解放城市反银元斗争纪要（节录）194909》，中国社会科学院，中央档案馆：《中华人民共和国经济档案资料选编·1949—1952·金融卷》，第190页。

之一。举办折实储蓄，目的之一是使一般市民“不必再用购买银元的方式来保存币值”[①]。

“币值稳定，表现在物价平稳上面。”[②]1950年3月后，物价趋于稳定，私营商业的货价普遍开始低于国营公司牌价。到3月24日，这种现象几乎遍及全国，如当日上海二十支纱牌价615万元，市价低90万元；天津大米牌价每斤2150元，市价低100元；北京3月7日二厂五福布每匹牌价2.85万元，市价低1600元。之后一段时间，邯郸、石家庄等较小城市粮食牌市价的距离又继续扩大。由于投机商人力求脱售囤货，整个市场的价格下跌。批发交易大大减少，而在必需消费量以内的零售生意依然活跃。这表明囤积倒卖已无利可图，而消费者的需要和购买力如故。上海是全国最大的棉纱投机市场，1950年2月，发生“二六轰炸”，到了春夏之交又是纱布旺销的季节，按照以前的惯例，纱布价格必然步步看涨。但是，1950年2月上涨之后，3月以后，投机商人求吐尚不可得，更谈不到吞进。[③]

① 《中国人民银行华东区行：华东区新解放城市反银元斗争纪要（节录）194909》，中国社会科学院，中央档案馆：《中华人民共和国经济档案资料选编·1949—1952·金融卷》，第193页。

② 《在政府正确措施下　上海市场日趋稳定　银行钱庄存款大量增加》，《光明日报》1949年9月21日，第4版。

③ 《新华日报社：财经统一措施后的物价与金融19500515》，中国社会科学院，中央档案馆：《中华人民共和国经济档案资料选编·1949—1952·金融卷》，第233—234页。

1950年，以几种主要物资为例：在上海，纱以兰凤牌二十支纱为标准计算，3月初每件655万元，至3月30日仅值490万元。政府为照顾纱业生产乃进行适当收购，3月31日即回涨至535万元。此外，烟、煤、面粉、棉花以及其他百货价格均呈平稳态势。在武汉，从3月1日至4月11日共42天中，市主要日用品物价平均下降25%左右，如二机米下落33.2%，淮盐下落41.6%，八保花由每担90万元降为55.5万元，二十支红狮球棉纱自715万元降为520万元，布匹下落38%，包括米、布、油、盐、煤球5种物资指数的人民银行折实储蓄单位自5445元降为4092元，即下降约为1/4。同期市面银根则始终保持平俏局面，银行存款特别是定期存款不断增加，银钱业放款日息则由14元降为6.5元。由此，市场产生出一种新状况：投机商歇手敛迹，初步改变了积习已久的“重物轻币”思想，人民币威信日高。①

在广州，从1950年3月中旬开始，市场物价全面下降，到4月中旬跌势稍微缓和而逐渐稳定在新的水平。以3月13日的主要物价和4月8日的主要物价比较，则二十支新金城纱每件从910万元跌至600万元；大鹏细布每匹从

---

① 《新华日报社：财经统一措施后的物价与金融19500515》，中国社会科学院，中央档案馆：《中华人民共和国经济档案资料选编·1949—1952·金融卷》，第238—240页。

36万元跌至24.5万元；中等米每司担从30万元跌至21.6万元；生油每司担从140万元跌至100万元；柴每司担从4.4万元跌至2.4万元；汽油每加仑从4.5万元跌至3万元；盐每司担从36万元跌至30万元。总平均下跌了35%以上。下跌的幅度，反映在物价指数上尤其明显，若以1949年12月全月的平均数为基数100，则1950年3月13日的物价指数为244.68，4月12日的指数仅为187.72。①

全国范围内出现物价普遍稳定的局面，人民币信用随之大大提高。因之，广大群众便乐于储存货币而不愿再争相竞购实物，各地银行存款急剧增加。②至1950年3月，随着物价逐步平稳，货币流通的速度大大降低，人民币的信用大大提高，"重货轻币"思想已经转变。人民币的信用日益增高，民众对人民政府的经济政策不但了解而且信任，这首先表现在一般市民存款不存货的心理上。③

从天津私营行庄票据交换的次数计算，1950年1月内，每1元人民币流通52次，3月1日至20日仅流通8次，而1949年物价暂时平稳时期每月还不下于22次。重庆的货

① 《新华日报社：财经统一措施后的物价与金融19500515》，中国社会科学院，中央档案馆：《中华人民共和国经济档案资料选编·1949—1952·金融卷》，第241页。

② 王静然：《物价稳定本币信用日高　全国各地存款激增　四月底余额较二月底增加两倍多》，《人民日报》1950年5月17日，第2版。

③ 《粮食市场供求平均　苏州米价下落　人民币的信用日益增高全市职工纷纷折实储蓄》，《大公报》（上海版）1949年8月13日，第7版。

币流转速度，1950年4月已比3月减低1/2，各地商人和农民已改变了“物物交换”的习惯，这使人民币扩大流通范围有了有利的条件。[①]在上海，从私营行庄票据交换的次数计算，1950年3月物价开始稳定时，每1元人民币流通约15次，与1949年8月、9月两月物价平稳时期每月45次至30次比较，流通速度大为降低，1950年4月上半月每1元人民币流通却4次都不到，这充分说明人民币信用逐步稳固，久存于民众中的“重货轻币”观念已扭转为“重币轻货”[②]。由于物价的稳定，上海出现了10余年来少见的新气象，就是一般人民都重视币值，人们的腰包里都愿存放人民币。[③]

10多年来，民众不让货币在自己身边过夜，竭力购买任何可以买得到的不管是必需的或不必需的物资，以避免货币的贬值。这种不为消费的购买，造成了市场畸形的活跃，以及投机商人囤积居奇的可能。1950年3月以后，由于财政收支接近平衡，赤字大大缩小，币值稳定，人们就宁愿把货币放在口袋里，投机商人逐渐丧失了进行投机的

---

① 江横：《西南财政经济开始好转》，《人民日报》1950年7月10日，第2版。

② 《新华日报社：财经统一措施后的物价与金融19500515》，中国社会科学院，中央档案馆：《中华人民共和国经济档案资料选编·1949—1952·金融卷》，第239—240页。

③ 近宇、贺笠：《统一财经工作发生显著效果　京沪物价开始稳定》，《人民日报》1950年4月10日，第1版。

社会基础，不得不停止或缩小其投机活动，并且吐出其一部分囤积的物资。[①]

货币的流通速度降低，货币的储藏作用开始恢复。在过去长时期的物价波动中，货币的储藏作用早已丧失，人们在拿到货币后，谁也不愿保存，而是很快买成货物储存起来。但自1950年3月以后，这种“重货轻币”的心理已在开始转变。表现之一就是银行存款大大增加，1950年4月上半月私营及公私合营行庄人民币存款余额的增加，更是有力的证据。据统计，上海1950年4月1日私营及公私合营行庄存款余额为37152154万元，15日增至45756683万元，半月内，存款增加超过20%。这是“人民币价值日益巩固，因此不少市民已乐意把人民币作为储蓄手段”[②]。

广大人民对货币的信用逐渐提高，还表现在人民币已开始下乡。如绥远省在1949年3月以前，农村市场的交易中，以物易物或以粮、布作筹码者，平均占总成交量的百分之六七十，以货币计算者，仅占百分之二三十。至1950年4月，以货币计算者，已达总成交量的50%以上。察哈尔省大同周围10里以及通广灵、灵丘及朔县的两条大道，都已使用了人民币。保康货币流通量占市场交易比重

① 《新华日报社：财经统一措施后的物价与金融19500515》，中国社会科学院，中央档案馆：《中华人民共和国经济档案资料选编·1949—1952·金融卷》，第234页。

② 同上，第239—240页。

已达80%，宝源达50%，多伦达60%，商都离城40里远的乡村，也流通了人民币。河北省徐水县大王店镇的调查，1950年1月、2月份的牲口交易中，使用货币的只占10%，4月22日则增至35%。又据北京市供销社农民招待所统计，3月上半月农民卖货后，带回现款占37%，其余均买成货带走，下半月农民卖货带回现款的即增至85%。货币下乡，使人民币的流通范围逐渐扩大。①

由于货币信用提高，货币流通速度降低，1950年3月、4月在各地市场上，亦发生了货物滞销、成交减少、市场物价低于国营贸易公司牌价等新情况，如北京市1950年3月的统计，全市全月共上市面粉成交占上市量的15.12%，销售其他粮食占上市量的21.2%。上海市1950年1月至4月的批发成交量如面粉自315595袋降至83092袋，大米自115341920斤降至18741399斤，二十支纱自32380件降至15369件，白细布自173954匹降至1140匹。②从贸易部门所反映的，全国各市场的商品上市量都大大增加，但是成交量却不大，从这一点也可以看出，通货流转的速率也大大地减小了。③

---

① 《各地银行存款数字激增　一个月来较上两月平均数增加一倍多》，《人民日报》1950年4月28日，第1版。

② 同上。

③ 孙晓村：《正当私营工商业的有利条件在成长中》，《人民日报》1950年4月14日，第5版。

物价平稳所表现的币值稳定，使一般市民开始改变10多年来由“法币”“中储券”“金圆券”等历次恶性通货膨胀所造成的重物轻币心理，开始重新建立储蓄货币的习惯。[①]因而到1950年4月，各地人民银行的存款数字有了很大增加。据人民银行总行统计，截至1950年4月21日，存款总额较3月底增加82.8%，较2月底增加127.5%。[②]

配合其他财经措施，为保障人民积蓄与生活而实行的折实储蓄，使新发行的货币获得了人民的信任。[③]“由于物价稳定，人民币的信用愈益稳固了。10多年来，中国人民饱受物价波动之苦而形成的‘轻货币，重实物’的畸形心理，在许多新的事实面前开始扭转过来[④]。”

发展储蓄，吸纳游资

解放后，“在全国经济建设中，集中巨量资金以便于有计划的使用于生产事业，是国家银行的重要任务之一；为达成此一任务，除贯彻金库制度、实行现金管理以及采

① 《在政府正确措施下　上海市场日趋稳定　银行钱庄存款大量增加》，《光明日报》1949年9月21日，第4版。

② 《各地银行存款数字激增　一个月来较上两月平均数增加一倍多》，《人民日报》1950年4月28日，第1版。

③ 《特邀代表宋庆龄讲话》，《光明日报》1949年9月22日，第1版。

④ 近宇、贺笠：《统一财经工作发生显著效果　京沪物价开始稳定》，《人民日报》1950年4月10日，第1版。

取各种办法吸收一般存款外，发展储蓄事业积聚散存在广大人民手中的零散资金，也是一个很重要的手段”。1949年《中国人民政治协商会议共同纲领》第37条中明文规定：“人民政府应采取必要的办法，鼓励人民储蓄，便利侨汇，引导社会游资及无益于国计民生的商业资本投入工业及其他生产事业”，“以发展国民经济，提高人民的生活水平。”①

在解放初期，物价上涨的原因异常复杂，例如通货、生产、运输、工资等情况的变动，都可能引起物价的波动。但最重要而又最严重的，却是由于游资泛滥所造成的商品投机。因此，共产党新政权运用各种手段来吸收游资，冻结游资，以遏止物价的猛烈波动。②“中国人民银行本着为人民服务的精神，提倡节约，奖励劳动人民、知识分子、社会各界人士，及机关、工厂、学校等社会团体之储蓄。因此举办折实储蓄业务，以便大量吸收游资，并将这些游资有计划的投入到对国计民生有利的生产事业中去，以加速新民主主义经济的发展”③。

人民银行1949年4月20日颁布的《定期储蓄存款暂行章程》明确提出：“为提倡节约，奖励社会各界人士、机

① 王静然：《人民储蓄事业的成长》，《人民日报》1950年10月7日，第5版。

② 子华：《稳定物价的有效措施》，《文汇报》1949年11月5日，第1版。

③ 程人杰：《谈谈折实储蓄存款》，《人民日报》1949年6月2日，第4版。

关、团体长期储蓄，特举办定期储蓄存款。”[①]但折实储蓄的目的并不仅限于鼓励储蓄、吸收存款，人民银行通过最初几个重要城市的试办，根据试办阶段的实践，认为鼓励节约，集中零散游资投入生产应当是它们的“储蓄方针”[②]。所以，1949年6月14日，人民银行颁布的《折实储蓄存款暂行章程》开始强调，“为奖励节约储蓄加强生产基金”，举办折实储蓄存款。[③]到1950年3月18日，中国人民银行制定《折实存款统一章程》更着重强调了折实储蓄的宗旨为“奖励节约及广泛吸收游资，发展生产，并保障存款者之购买力”[④]。从这3个章程中有关折实储蓄宗旨文字表述的变化中可看到，随着解放形势的变化，国家的中心任务逐渐从战争转入生产。中国人民银行为配合这种转变，采取各种措施紧缩通货，稳定物价，在发挥折实储蓄吸收零散资金、稳定薪资阶层实际收入功能的同时，更强调其吸收游资、发展生产的功能。

“在物价波动时期，折实存款对吸收游资，平稳物

---

① 《中国人民银行定期储蓄存款暂行章程》，《人民日报》1949年5月10日，第2版。

② 《中国人民银行总行工作报告1949》，中国社会科学院，中央档案馆：《中华人民共和国经济档案资料选编·1949—1952·金融卷》，第281页。

③ 《中国银行总管理处储蓄部折实储蓄暂行章程1949年6月14日》，中国社会科学院，中央档案馆：《中华人民共和国经济档案资料选编·1949—1952·金融卷》，第210页。

④ 赵学军：《中国金融业发展研究1949—1957年》，福建人民出版社2008年版，第282页。

价，有其一定的作用。”[①]平、津、京、沪等地国家银行陆续举办折实储蓄存款，吸收游资，“成绩斐然”[②]。1949年，北京折实储蓄资金占当年北京市人民银行全部存款余额的40%，这些资金为国家银行聚集起来，就相对地减少了市场上争购物资的游资，减少了冲击物价上涨的力量。[③]上海打击银元投机和包围证交大楼之后，1949年6月14日开始举办折实储蓄存款，给该市“臃肿的游资，开辟了一条出路”。对于物价的稳定，“给予一个很大的助力”。之后，“每当物价上涨，折实储蓄牌价上升之际，折实储蓄存款便随之增多，因此可以减轻游资的作祟”。截至1949年年底，上海折实存款吸纳市场的资金有314亿元之多，对于金融物价市场的稳定是一个重要的力量。1949年11月物价波动最为明显之时，上海折实存款增达400亿元，合当时二十一支纱万件以上。结合各种短期存款，到1949年12月底，上海各种私人储蓄存款余额162亿元，与折储存款合计为692亿元，共占上海人民银行全部存款的32%。折实储蓄吸收大量存款，就削弱了游资对商品市场的冲击力。[④]

① 《陈云：制止物价猛涨》，中国社会科学院，中央档案馆：《中华人民共和国经济档案资料选编·1949—1952·金融卷》，第209页。

② 《论稳定市场的斗争》，《大公报》（香港版）1949年6月23日，第6版。

③ 《北京的人民金融事业》编写组：《北京的人民金融事业》，第122页。

④ 《陈云：制止物价猛涨》，中国社会科学院，中央档案馆：《中华人民共和国经济档案资料选编·1949—1952·金融卷》，第209—210页。

"储蓄可成为建设资金的重要来源。储蓄对于国家现金收支平衡，亦有重大作用；因储蓄为现金收入，足以吸收现金回笼，减少社会游资，巩固金融物价的稳定。"① 在银行营业项目中，折实储蓄存款"是比较吃亏的，但在吸收游资上，起了一定作用。这些储蓄存款可较长期地投入生产贷款中去，以发展生产"②，同时，折实储蓄"也减少了市场上的投机活动"③，"使社会游资能长期被我们所掌握，使泛滥市场作为破坏因素的大批游资，透过银行转入生产，可变成有益生产的积极因素"④。

折实贷款，投入生产

举办折实储蓄，吸收社会游资，以缓和物价的波动。这项业务不是从营利出发，而是为国民经济的健全发展。⑤各地公私银行大力开展折实贷款，大力吸收存

① 胡景澐：《迅速开展人民储蓄事业》，《人民日报》1950年12月6日，第2版。

② 《张友渔副市长在北平各界代表会议上关于北平市半年来财经工作补充报告摘要》，《人民日报》1949年8月16日，第4版。

③ 《物价稳定人民生活上升　储蓄事业迅速发展　目前已有储户五百余万户，储款总额较去年初增加九倍》，《人民日报》1951年3月28日，第2版。

④ 《关于折实储蓄几个问题的体会（选自〈华中银行月刊〉第五期1950年2月28日）》，王礼琦：《中原解放区财政经济史资料选编》，第661页。

⑤ 《中国经济情况报告1950》，中华人民共和国国家经济贸易委员会：《中国工业五十年　第一部　国民经济恢复时期的工业：新民主主义社会的工业·1949.10—1952·下卷》，第1407页。

款，“引导市场游资投向生产，把折实储蓄与生产建设联系起来”[①]。所以，在折实资金运用上，基本上采取怎么来怎么去的方针，以折实储蓄投入生产贷款，达到真正保障职工生活与扶助生产的作用。[②]如上海中国银行明确提出，办理折实贷款，“以运用本行折实储蓄存款，协助厂商购买原料，添置设备，整理包装，发放工资，或运输所需营运资金为目的”。以属于该行业务范围的公私营企业为贷款对象。[③]

人民银行北平分行颁布的《折实及定货贷款试行办法》中首先说明，试办折实及定货贷款的宗旨是为了扶植生产以稳定物价。公私营的工、矿企业（机器及生产工具制造厂、染织厂、化学原料厂、主要矿产及制造出口物品可以换取外汇的特种手工业）及特种手工业，因扩充业务、增添设备、加强产量、购买原料或因季节淡月关系压搁成本影响生产及一切活动周转需要资金者，均可以申请贷款。其中，普通折实贷款，以该行储蓄部每日公布的折实储蓄标准实物单位牌价作贷出及偿还时计算与折合的单

---

① 宇：《人民银行北平分行订定折实定货贷款试行办法》，《人民日报》1949年6月19日，第2版。

② 《关于折实储蓄几个问题的体会（选自〈华中银行月刊〉第五期1950年2月28日）》，王礼琦：《中原解放区财政经济史资料选编》，第661页。

③ 《中国银行制订五种贷款办法19490903》，中国社会科学院，中央档案馆：《中华人民共和国经济档案资料选编·1949—1952·金融卷》，第761页。

位标准。[①]截至1949年7月底，北平公营企业贷款的累积数，包括公用、工矿、贸易及文化事业等共49亿多元。贷款不仅帮助公营企业的恢复与发展，还扶助了私营工矿业、特种手工业及出口商。[②]1949年，北京折实储蓄吸收资金相当于银行全部工业放款的70%。[③]

在天津，私营银钱业在1949年11月间先后组成两个银团，办理折实贷款，贷款主要是以工业生产为对象，期限较长，利息较低。贷款以“折实为基础，可以吸收一部分隐蔽着的资金，在其利润获得保障的前提下，乃得通过银团投入生产事业”；以折实为基础，工业生产可以获得低利的大数额贷款，而其本身具有原料或成品的保证，资金灵活，生产可以发展。[④]天津银钱业通过折实贷款帮助工业生产，对社会生产起了积极扶助的作用。人民银行上海分行举办的折实定货贷款，1949年8月到10月中旬，共计贷出16笔，支持包括力士鞋、蓝布、卫生衫、斜纹布、印花哔叽等各种日用必需品的生产。这些贷款，既使国家掌

① 宇：《人民银行北平分行订定折实定货贷款试行办法》，《人民日报》1949年6月19日，第2版。

② 《张友渔副市长在北平各界代表会议上关于北平市半年来财经工作补充报告摘要》，《人民日报》1949年8月16日，第4版。

③ 《北京的人民金融事业》编写组：《北京的人民金融事业》，第122页。

④ 徐景星：《天津银钱业的新方向　走上联合经营的道路》，《光明日报》1950年1月4日，第4版。

握了市场需要的商品，也有利于私营工业的继续发展。[①]

银行的一切措施必须为了生产，只有发展了生产，才能根本上安定市场，稳定物价，繁荣经济。[②]银行举办折实储蓄，无论期限、利息，还是手续，都尽量照顾民众的利益和需求。在物价波动期间，民众的折实储蓄存款活期储蓄的限度，依规定为不超过每个人1个月的收入，但是把大多数人的劳动收入集合起来，这个数目就不小了。不管定期还是活期，你存他取，银行的存款总账上，便事实上留下若干数目。以上海中国银行为例，该行从1949年6月14日举办折实储蓄至8月26日，折储余额经常达30亿元左右，成为扶植生产的一个不小的力量。[③]这个数目，在一定限度内便可用于生产贷款。因此，每个人的折实储蓄虽然比较少，时间也比较短，但全社会的折实储蓄却仍然不能过分轻视。[④]把民众一点一滴的储蓄力量集中起来，通过人民银行及其他商业银行投放到生产事业上去。“这样不但帮助了国家的建设，而且在稳定物价的意义上说，

---

① 《当代中国的金融事业》编辑委员会：《当代中国的金融事业》，当代中国出版社、香港祖国出版社2009年版，第224页。

② 《论稳定市场的斗争》，《大公报》（香港版）1949年6月23日，第6版。

③ 《折储工作更进一步：符合公私两利　获得健全发展》，《大公报》（上海版）1949年8月31日，第5版。

④ 何雨田：《关于折实储蓄的三个问题》，《经济周报》1949年第9卷第5期，1949年8月4日，第108页。

也就直接帮助了自己。”①

各地人民银行开办折实贷款后，各方面对此均有好评，尤其是一般民管工厂的负责人，都认为这个办法的确是合于“公私兼顾”的原则。金融界人士特别指出，这种折实贷款的开办，不但具有扶助厂商的重大意义，无形之中对厂商贷款的运用还有限制作用，因为在解放以前，币值跌落的速度非常惊人，每一个厂商都明白国家银行每一笔贷出的款项，实际上等于白送，所以在取得贷款之后，很少利用贷款从事真正的增产。但在折实贷款制度之下，假使厂商在取得贷款之后依旧不事生产而做投机取巧不正当的运用，势必增加他们自身的负担，结果一定会自食其果。②

在解放初期，工商业发展的困难，最主要的一项就是资金的缺乏。资金缺乏状态的造成，一方面是国民党政府财政搜刮的必然结果，另一方面是金圆券信用扫地，迫使资金退出了金融市场。折实储蓄存款保障了大多数人的劳动收入，必然能吸收社会上退藏的资金，集中到银行，转到生产部门中去，从发展生产的角度来说，其意义更大。③

---

① 《储蓄就是一个考验》，《大公报》（上海版）1949年12月15日，第3版。

② 《折实贷款　各方一致赞扬》，《文汇报》1949年7月15日，第5版；《上海人民银行举办折实贷款》，《大公报》（香港）1949年7月16日，第1版。

③ 《论折实储蓄存款》，《大公报》（上海版）1949年6月15日，第2版。

解放初期的折实贷款政策，经过实践，证明符合发展生产、公私两利的原则，积极生产的劳动群众均能接受。在有力地克服传统的恩赐救济观点，贯彻发展生产、公私兼顾的正确贷款方针和改进银行的企业经营上，收到了一定的成绩。银行举办的折实贷款，使公私营工业在产品滞销、周转困难的时期，“得到适当的扶助”①。1950年6月起，“全国各地工商业开始好转”，“政府大力的保育与扶助”是重要的原因，而其中包括折实贷款在内的经济政策不啻是1950年上半年“奄奄一息的民族工商业的续命汤”②。

① 《津交行上月贷出三十亿元　扶助工业渡过背月　新版人民券今起在津发行　工商局昨邀各业公会座谈》，《光明日报》1949年9月12日，第4版。

② 李鸿哲：《全国各地工商业情况好转及其原因》，《光明日报》1950年10月29日，第8版。

结论　从公私兼顾到扩大新生政权影响力

按照毛泽东“发展生产，繁荣经济，劳资两利，公私兼顾”的指示，解放初期，各解放区在财政经济方面开展了许多工作，开办折实储蓄亦是其中重要一项。[①]《中国人民政治协商会议共同纲领》明确提出：“中华人民共和国经济建设的根本方针，是以公私兼顾、劳资两利、城乡互助、内外交流的政策，达到发展生产、繁荣经济之目的。”在物价上涨时，国家银行为平稳物价，大量吸收社会游资，开办折实储蓄，保证了一部分基本群众（主要是工人、学生、公教人员）的储蓄保值，使他们避免受货币贬值影响，[②]“这样银行虽受若干损失，但因此而换来了更大的利益，即物价的恢复平稳”。但“国家银行在举办

---

① 《沪市军管会和人民政府六七两月的工作　陈毅将军在沪市各界代表会议上的报告（续昨四版）》，《光明日报》1949年8月14日，第2版。

② 《北平市各界代表会议上张友渔副市长关于北平市半年来财经工作的补充报告摘要》，《光明日报》1949年8月17日，第3版。

折实储蓄存款中，应该尽可能地避免不必要的损失”[①]。

折实储蓄是“物价不稳情况下的产物，因此它是保障职工生活的有力的武器”，也使“社会游资能长期被我们所掌握，使泛滥市场作为破坏因素的大批游资，透过银行转入生产，可变成有益生产的积极因素”。举办折实储蓄“不斤斤于损益的计较，但绝不是赔本主义”，因此，在实施过程中掌握了两利原则，“既不使广大群众吃亏，也必须逐渐积累壮大银行力量”[②]。实际上，“办理折实储蓄的基本精神是希望做到‘公私两利’。一面给予存户实物保本的利益，一面将所吸收的存款转运用于生产建设，协助政府执行政策”[③]。所以，折实储蓄在试办初期，人民银行就考虑到，如果“实物保本存款的作用只限于单纯的吸收存款，它的意义就显得窄狭”，其还应在吸收游资上发挥作用，并及时地把资金转向生产事业。[④]

折实储蓄是物价不稳定时期的过渡性储蓄方式，所以在实施的过程中有一定的局限性，如折实储蓄所包含的物品种类较少，简单明了，计算便利，但包括项目太少，季

① 程人杰：《谈谈折实储蓄存款》，《人民日报》1949年6月2日，第4版。

② 《关于折实储蓄几个问题的体会（选自〈华中银行月刊〉第五期1950年2月28日）》，王礼琦：《中原解放区财政经济史资料选编》，第661页。

③ 章成：《折实储蓄不是片面贴补　整存整付期限不能缩短》，《人民日报》1949年9月21日，第4版。

④ 辛茹：《石市实物保本储蓄存款中的几个问题》，《人民日报》1949年5月9日，第2版。

节波动较大；折实储蓄的对象主要以有组织的职工为限，对广大的社会购买力不能发生太大吸收作用；折实储蓄大部分为活期性质，进出频繁，以致经办银行的行政负担加重。此外，也有少数人利用物价的涨落，套取投机。银行虽规定了若干限制，防止流弊，但同时也限制了折实储蓄的功能。①

虽然折实储蓄功能的发挥有一定的局限性，但对于吸收游资是“相当有效的措施”，“对保障职工购买力和稳定物价，尤具功绩”②。更重要的是，折实储蓄表明人民政府对人民币绝对负责任。人民币是人民自己的通货，并不一定要用折实的办法才能保障它的价值。但由于解放前国民党政府统治期间国币的膨胀，信用扫地，民众对人民币还没有确切认识，心理上一时难以接受。解放初期人民政府举办折实储蓄，随时按物价指数偿付存款，首先表明对人民币绝对负责。人民政府举办折实储蓄，就是确切地告诉民众，人民币有实物做后盾，决不会使人民吃亏，使长期遭受币值膨胀恶果的民众转变对人民币的认识，从而合理集中他们手中的闲散资金。

折实储蓄在形式上有一部分与国民党政府统治时期所推行的物价指数存款相似，但本质上却完全不同。国民党

---

① 子华：《稳定物价的有效措施》，《文汇报》1949年11月5日，第1版。

② 同上。

政府时期，物价指数存款无法举办，就因为当时国币是无限制恶性膨胀的，用物价指数来保障存户利益，只是加重了恶性膨胀的程度，而且与国民政府的利益是相冲突的，因此，物价指数存款对国币价值稳定，根本不会发挥任何作用。人民币发行后，基础本来坚固，吸收了储蓄，就等于积储了社会财富，最后又必然从金融资本转化为生产资金，就发挥了吸收游资、稳定物价、推动生产作用，其结果完全不同。由于折实储蓄的举办，人民币的本质和信用已完全表明，新中国的人民能够全心全力拥护自己的通货。[①]

在解放初期物价不稳的情况下，分散零星的资金如果流落在市场上，就有可能被商业上的投机分子利用去竞购、囤积，破坏民众的经济生活。民众若把闲散的资金集中存储国家银行，就会削弱投机分子的力量，使通货回笼，国家现金收支平衡，有力地保证金融物价的稳定。同时，国家集中了资金，也可发展生产。折实储蓄“完全是人民目前利益和长远利益、个人利益和国家利益密切结合一致”[②]。

“发展人民储蓄事业，对于保障人民经济生活，加速

---

① 《论折实储蓄存款》，《大公报》（上海版）1949年6月15日，第2版。

② 蔺桐：《热爱祖国，多多储蓄！》，《光明日报》1950年12月18日，第3版。

国家经济建设，有极其重大的意义。”从1937年日本全面入侵中国之后，10多年来，物价疯涨，通货膨胀，“中国人民的储蓄能力和储蓄习惯已被摧残殆尽”[①]。折实储蓄存款在“我国金融史上实属创举”，在解放初期物价不稳的时局下，成为“培养战后资力，尤其是经过伪币扰乱后，重建通货信念的一个最良好办法”。[②]在解放初期物价不稳的情况下，“这种能够保障人民衣食日用所需的折实储蓄，才是最切实而最理想的储蓄”。事实胜于雄辩，得到折实储蓄利益的人们，证明了它的好处。这种于民有利的储蓄“才是新中国人民应该采取的储蓄手段”。倘使人民集中的储蓄，有利于国计民生的生产事业，那是真正做到公私两利了。[③]

解放初期，银行办理折实储蓄，以吸收民间资本，帮助资本的蓄积，帮助正当的所有者不受物价波动的损失，储蓄之外还能生利，这和国民党统治下官僚资本利用政治权势带头投机倒把、掠夺民财的情形完全相反。[④]“新民主主义社会中的储蓄事业与资本主义社会的储蓄事业在本质上是有所不同的”“人民的储蓄事业以服务人民为目

① 胡景澐：《迅速开展人民储蓄事业》，《人民日报》1950年12月6日，第2版。

② 《论折实储蓄存款》，《大公报》（上海版）1949年6月15日，第2版。

③ 章乃器：《由过去的“银灾”说到蒋匪帮的“恢复银本位制”》，《人民日报》1949年7月21日，第4版。

④ 又常：《物价问题》，《光明日报》1949年9月20日，第4版。

的，透过它，国家可集中资金从事经济建设，人民可积蓄所得以防意外之需，无论从长期看，从短期看，都是于人民有利的”。[①]

在解放初期，人民政府的折实储蓄处处为人民的利益打算，获得人民的一致拥护，结果是政府的举措得到人民的协助，收到增加生产、稳定物价、安定经济的效果。折实储蓄办法“明智妥善”，从中足以看出中国共产党“不但会管理都市经济，而且能够把经济逐渐巩固起来”[②]。折实储蓄的举办，不仅能“稳定金融物价，消除群众对物价的顾虑”，更重要的是在“扩大人民政府的政治影响”方面起到了积极作用。[③]通过折实储蓄，广大民众认识到，“人民政府在财政经济的措施上，为人民打算”“人民政府是实事求是为人民服务的政府”[④]。折实储蓄的开办，在证实中国共产党管理能力的同时，使广大民众从心理上产生了对新生政权的高度认同感和信任感。

---

① 王静然：《人民储蓄事业的成长》，《人民日报》1950年10月7日，第5版。

② 《论上海的折实储蓄》，《大公报》（香港版）1949年8月2日，第5版。

③ 《中国人民银行总行私人业务局第一个五年计划期间的储蓄工作简结［节录］19580322》，中国社会科学院，中央档案馆：《中华人民共和国经济档案资料选编·1953—1957·金融卷》，第1080—1081页。

④ 左宗纶：《再谈人民胜利折实公债》，《人民日报》1950年2月2日，第5版。